基于城乡统筹的旅游业发展研究：模式构建与类型分析

徐福英　著

南开大学出版社
天　津

图书在版编目(CIP)数据

基于城乡统筹的旅游业发展研究：模式构建与类型分析 / 徐福英著. —天津：南开大学出版社，2013.6

ISBN 978-7-310-04187-9

Ⅰ.①基…　Ⅱ.①徐…　Ⅲ.①乡村－旅游业发展－研究－中国　Ⅳ.①F592.3

中国版本图书馆 CIP 数据核字(2013)第 103729 号

南开大学出版社出版发行

出版人:孙克强

地址:天津市南开区卫津路 94 号　　邮政编码:300071

营销部电话:(022)23508339　23500755

营销部传真:(022)23508542　　邮购部电话:(022)23502200

*

河北昌黎太阳红彩色印刷有限责任公司印刷

全国各地新华书店经销

*

2013 年 6 月第 1 版　　2013 年 6 月第 1 次印刷

260×185 毫米　16 开本　7.75 印张　195 千字

定价:20.00 元

如遇图书印装质量问题,请与本社营销部联系调换,电话:(022)23507125

前　言

统筹城乡经济社会发展，是党的十六大深刻总结几十年来我们党在处理城乡关系、解决“三农”问题的实践经验基础上提出的一个全新的思路和方针，它强调城乡互动、协调发展。2012年党的十八大提出要进一步加大城乡统筹力度，形成以工促农、以城带乡、工农互惠、城乡一体的新型工农、城乡关系，切实推进城乡一体化发展。旅游业综合性强、关联带动性大、劳动密集型产业等特点决定了其在促进城乡经济发展、缓解就业压力、优化城乡产业结构、缩小城乡差别等方面具有独特的作用，是当前城乡统筹工作新的切入点。但要充分发挥旅游业在城乡统筹中的特殊作用，首先要将旅游业自身的特点、发展规律与城乡统筹的各项工作有机地结合起来，选择符合市场需求发展方向的旅游业发展模式，建立包含政府、市场、资源等要素的系统的动力机制，并使旅游业的发展分层次、分阶段地有序进行。而学术界对城乡统筹中旅游业发展的研究仍然不够深入和系统，无法为蓬勃发展的城乡统筹工程和旅游业发展实践提供行之有效的理论指导。本书的选题、框架搭建、内容写作等正是基于上述背景展开的。

本书共分为13章，具体结构和内容如下：

第一章为绪论，主要阐述了本书的研究背景、研究目的和意义、研究方法以及技术路线等。

第二章主要是介绍了本研究的理论基础，包括二元经济理论、增长极理论、点轴开发理论、推拉理论和可持续发展理论。

第三章梳理了城乡统筹中旅游业发展的整体框架与思路，主要包括城乡统筹要解决的主要问题，旅游业在城乡统筹发展中的特殊作用，城乡统筹中旅游发展的动力机制、主要阶段和三种模式。

第四章主要分析了国内城市旅游的发展现状以及评述城乡统筹背景下城市旅游的研究现状，从而为城乡统筹中城市旅游带动模式的构建和实施奠定理论基础。

第五章阐述了城市旅游带动模式的基本内涵，并分析和论证了城市旅游带动模式构建的前提条件和充分条件，并分别以青岛市和即墨温泉镇为例对城市旅游带动模式的两种主要类型——“中心城市外引型”和“小城镇内聚型”进行了实证研究。

第六章重点从“区域联合”，“城市旅游规划与城市其他规划的关系”，“城市旅游与城郊旅游、乡村旅游的关系”，“促进农村劳动力转移就业‘量’与‘质’的辩证关系”四个方面探讨了城市旅游带动模式的实施。

第七章在简要分析了国内乡村旅游研究现状的基础上，对城乡统筹背景下乡村旅游的研究进行了评述，指出当前研究中存在的问题和今后研究的重点与方向。

第八章从理论上探讨了城乡统筹中乡村旅游模式的基本内涵、特殊作用和动力机制，并分别以蓬莱南王山谷、长岛渔家乐、莱芜房干村为例对城乡统筹中乡村旅游发展的利益相关者多方合作模式、生态化模式和专业合作社模式进行了实证研究。

第九章重点对城乡统筹中乡村旅游模式实施中的“乡村旅游与城市、城郊旅游联动发展问题”，“乡村旅游发展与农村生态环境保护问题”，“乡村旅游精品工程建设问题”和“政府职能发挥问题”进行了探讨。

第十章在分析了国内城郊旅游和环城游憩研究现状的基础上，评述了城乡统筹背景下城郊旅游和环城游憩的研究。

第十一章主要探讨了城乡统筹背景下环城游憩模式的基本内涵、发展条件、主要类型和发展阶段。

第十二章重点探讨了“环城游憩模式的适应性问题”、“失地农民的转移就业及可持续发展生计问题”、“政府职能定位和作用发挥问题”以及“环城游憩旅游产品的特色与质量问题”。

第十三章对本书进行了总结，并对今后的研究进行了展望。

本书是在本人的硕士学位论文《基于城乡统筹的旅游业发展研究》的基础上完成的，本论文在 2007 年被评为山东省优秀硕士论文并于同年被收入《旅游管理硕士论文文库——2006》。因此，在此衷心感谢青岛大学旅游学院院长马波教授，作为我的硕士导师，马老师对我的硕士学位论文付出了大量的精力和心血，本书的许多观点也得益于马老师的指导。马老师不仅在我就读硕士阶段给我启蒙和指导，使我得以迈进旅游研究的学术殿堂；而且又给了我在职攻读博士研究生的机会，使我可以在青岛大学继续深造。马老师严谨的治学态度和渊博的知识既让我终生受益，又值得我一生学习。同时，也非常感谢山东工商学院刘涛老师，他不仅是本书第八章的合著者，书中的诸多观点也是与刘老师共同商榷的结果，他还承担了本书部分章节的文字编排和修订工作。还要感谢山东工商学院乌兰教授、石云霞副教授、李玉新老师等为本书提供的反馈和建议。特别感谢南开大学出版社的编辑为本书付出的努力。本书在写作过程中参考了众多专家和学者们的研究成果，在此一并致谢。

作为初出茅庐的一个旅游研究新人，由于能力、知识和视野的局限，使得本书在框架设计和逻辑结构上难免存在诸多不当之处，许多观点和评述值得商榷，文献梳理往往挂一漏万，语言表述、数据收集与整理、案例分析等方面也存在不规范的问题，敬请各位前辈和同仁多提宝贵意见。

徐福英

2013 年 3 月

目　录

第三篇 乡村旅游：切实促进农村发展

第四篇 环城游憩：大力推进城乡过渡

第一篇　基础篇

第一章　绪　论

1.1　研究背景

中国经济社会发展中长期存在的二元结构，非均衡的资源配置和“重工轻农”、“重城轻乡”的发展政策，使得农村发展严重滞后，农民收入增长缓慢，农业生产相对落后，城乡差距日益扩大。这种日益显著的城乡二元结构导致了不公平的城乡关系，不仅没有充分发挥城市化对农村发展的带动作用，反而依靠牺牲农村经济、农民利益和农业发展来提供城市发展的资本积累，这已成为制约中国经济持续、健康、快速增长的痼疾。世界经济社会发展过程表明，城乡协调发展是必然的。

中共中央在深刻总结几十年来处理城乡关系、解决“三农”问题实践经验的基础上，于 2002 年党的十六大明确提出了城乡统筹发展的全新思路和方针，指出“三农”问题，不是单纯的支农、建农问题，而应把城市和农村紧密地联系起来，综合研究，通盘考虑，从此拉开了城乡统筹建设的大帷幕。之后，十六届三中全会站在科学发展的高度提出了“五个统筹”的发展观，“统筹城乡发展”在五个统筹中居首位；十六届四中全会明确提出了“两个趋向”的重要论断，形成了“工业反哺农业，城市支持农村”的统筹城乡发展的实现机制；十六届五中全会将社会主义新农村建设作为统筹城乡发展的战略任务，提出要形成以社会主义新农村建设为主的政策体系，建立以工促农、以城带乡的长效机制，加快农村自身的发展；2006 年 3 月，国务院制定并通过的《国民经济和社会发展第十一个五年规划纲要》中，把解决“三农”问题放在各项战略任务之首，进一步强调坚持统筹城乡经济社会发展的基本方略，提出在积极稳妥地推进城镇化建设的同时，要按照生产发展、生活宽裕、乡风文明、村容整洁、管理民主的要求，扎实稳步地推进社会主义新农村建设。十六届六中全会也指出将统筹城乡发展作为落实科学发展观、构建社会主义和谐社会的重要内容；2007 年党的十七大提出要深入贯彻落实科学发展观，并形成了城乡统筹发展和社会主义新农村建设有机统一的战略方针。2012 年党的十八大提出要加大统筹城乡发展力度，通过完善城乡一体化体制、机制，形成以工促农、以城带乡、工农互惠、城乡一体的新型工农、城乡关系，切实推进城乡一体化发展。

在中央政府的这种战略政策导向下，十年来，城乡统筹的发展战略成为解决我国“三农”问题、消除城乡二元结构、促进经济社会持续协调发展、构建社会主义和谐社会的重要战略部署。那么，究竟什么是城乡统筹？为什么要统筹城乡发展？如何实现城乡统筹发展呢？

城乡统筹是科学发展观的重要内容，它强调城乡互动协调发展，涉及经济、政治、文化、社会发展等各个领域，既管当前，又管长远，既是重大的理论问题，又是重大的实践问题。具体而言，城乡统筹是指逐渐消除我国长期存在的城乡二元结构，逐步缩小城乡各方面的差距，切实提高农业生产效益，不断增加农民收入，建立城乡平等、协同发展的新型城乡关系，最终实现城乡一体化发展。之所以要推动城乡统筹发展，根本原因在于农村和城市在本质上是互为联系、互为依赖、互为促进、互为补充，而非分割的，“三农”问题的解决要围绕“农”做文章，但绝不能仅局限于“三农”内部，更要从“农”外找出路。因此，在城乡统筹的思想提出后，各地、各部门都因地制宜、因时制宜，积极寻求实现城乡统筹经济社会发展的有效手段和路径，以有效实现以城带乡、城乡一体化发展。

实现城乡统筹发展有诸多途径，其中，发展旅游业是一个高效实用的渠道。国内外研究充分证明，旅游业是就业的蓄水池，不仅促进就业的作用大，而且就业成本和技术门槛低。再者，作为附加值高，综合性、关联带动性强的社会文化复合型产业，旅游业在增加城乡尤其农村居民经济收入、带动相关产业发展、调整和优化城乡产业结构、促进城乡文化交流与融合以及调整国民经济分配格局等方面也都具有独特的作用。

旅游业的特殊作用决定了其可以而且应当成为我国城乡统筹工作新的切入点，但城乡统筹的宽广内容和丰富内涵，使得基于城乡统筹发展旅游业成为一项复杂的、长期的系统工程，需要在相关理论研究的指导下进行。而当前有关城乡统筹各方面的研究成果虽然数量非常多，很多学者也提出了自己的见解，但多数仍为政策建议性成果，实践和产业层面的研究尚处于探索阶段，将旅游业与城乡统筹工作结合起来的专门性和系统性研究仍然较少，且较多地集中在城乡统筹与乡村旅游发展方面。总体来看，基于城乡统筹的旅游业发展研究在我国仍处于创新、试验性的探索阶段。因此，在上述背景下，本书希望站在前人研究的基础上，结合城乡统筹的实践，研究城乡统筹视角下旅游业的发展问题，期望从城乡统筹发展面临的主要问题出发，找到旅游业发展与城乡统筹的结合点，从研究城市旅游、环城游憩、乡村旅游与城乡统筹的关系以及对城乡统筹发展的作用出发，构建其发展模式，以期为解决我国“三农”问题、实现城乡一体化发展提供有效的理论依据和切实可行的产业发展策略，更好地指导实践。

1.2 研究目的与意义

当前，我国正处于经济社会转型时期，城乡分割的二元结构已成为影响我国整体发展和经济社会转型的障碍，因此，如何破除城乡二元结构，逐步缩小城乡差距，探索城乡统筹发展，协调城乡关系，是一个非常紧迫的问题，需要各级政府与部门通盘考虑，充分发挥各产业的优势与作用，积极探索实现城乡统筹发展的新路径。

如前所述，旅游业自身的特性决定了其在城乡统筹发展中的特殊作用，但要充分发挥这些特殊作用，首先，将旅游业自身的特点、发展规律与城乡统筹的各项工作有机地结合起来，选择符合市场需求的旅游业发展模式，建立包含政府、市场、资源等要素的系统的动力机制。其次，城乡统筹发展，不是城乡均衡发展，而是以城带乡，实现城乡协调发展。因此，基于城乡统筹发展旅游业，也并非城乡旅游同步发展，而要结合我国城乡现状和城乡统筹工作的逐步深入，分层次、分阶段地有序进行。最后，城乡统筹协调发展既是经济问题，又是社会问题，单纯依靠市场的调节作用和资源配置作用，在现阶段和未来一段时期内难以充分发挥旅游业的特殊作用。因此，基于城乡统筹发展旅游业，离不开政府在宏观经济政策和旅游产业政策层面的支持。

1.2.1　研究目的

基于上述分析，本研究的目的如下：

第一，剖析旅游业在城乡统筹发展中的特殊作用，建立城乡统筹中旅游业发展的动力机制，分析旅游业发展的主要阶段。首先，从城乡统筹发展面临的主要问题出发，以旅游业自身的特性为切入点深入剖析旅游业在城乡统筹发展中可以发挥的独特作用；其次，以系统论为指导，对城乡统筹背景下旅游业的发展现状进行判断，进而综合考虑市场、政府、资源等各要素，从内外两方面构建城乡统筹中旅游业发展的动力机制；最后，统筹城乡发展，不是城乡均衡与平等发展，而是充分发挥城市的带动作用，实现城乡协调发展，因此本研究还从城市带动、城乡过渡、城乡互动三方面分析了城乡统筹中旅游业的发展阶段。

第二，构建城乡统筹视角下的城市旅游带动模式。首先，在国内外城市旅游发展简述与研究评述的基础上，分析城乡统筹视角下城市旅游带动模式的基本内涵；其次，阐述城市旅游带动模式在城乡统筹中要解决的主要问题；再次，对构建城市旅游带动模式的前提条件和充分条件进行分析与论证；最后，选择典型案例对城市旅游带动模式的两种主要类型进行研究，并探讨该模式实施中的问题与对策。

第三，构建城乡统筹视角下的乡村旅游发展模式。首先，在国内外城市旅游发展简述与研究评述的基础上，分析城乡统筹视角下乡村旅游发展模式的基本内涵；其次，阐述乡村旅游发展模式在城乡统筹中要解决的主要问题；再次，在分析乡村旅游对解决“三农”问题特殊作用的基础上，论述城乡统筹中乡村旅游发展的开发经营模式和动力机制；最后，在前两者的基础上，选择典型案例对乡村旅游发展模式进行深入研究，并探讨该模式实施中的问题与对策。

第四，构建城乡统筹视角下的环城游憩模式。首先，在国内外环城游憩发展简述与研究评述的基础上，分析城乡统筹视角下环城游憩模式的基本内涵；其次，阐述环城游憩模式在城乡统筹中要解决的主要问题；最后，系统分析环城游憩模式的发展条件和发展阶段，并探讨该模式实施中的问题与对策。

1.2.2 研究意义

长期以来，我国政府一直重视“三农”问题，2004 年至 2012 年连续九年的中央一号文件都聚焦“三农”，关注农业、农村和农民的发展问题，但目前中国城乡差距仍然非常悬殊，“三农”问题依然是制约中国全面建设小康的难题。实践表明，解决“三农”问题不能仅从农村内部考虑，将“三农”问题作为孤立的系统进行研究，割裂了与社会其他单元的有机联系。实际上，“三农”问题必须在城市与农村的互动发展中逐步解决。因此，党的十六大提出要用城乡统筹发展的思路和行之有效的策略解决中国的农业、农村和农民问题，跳出“就三农论三农，就三农抓三农”“以农言农”的传统思路，通过城乡资源共享、市场互动、产业互补，实现“以城带乡”，建立城乡互动、良性循环、共同发展的一体化体制。

在城乡统筹发展的过程中，有众多的发展路径和可以选择的产业，且不同产业具有不一样的作用。将发展旅游业作为城乡统筹工作的新切入点进行研究，一方面是对科学发展观在实践层面和产业层面的具体运用，另一方面也进一步丰富和拓展了城乡统筹的理论内涵。因此本研究具有重要的理论意义和较强的现实意义。

1. 理论意义

旅游业综合性强、关联带动性大、类型多样，可以有效解决城乡统筹发展中的经济、社会和文化等问题，无论是从理论出发，还是从现实实践分析，旅游业都是实现城乡统筹发展的有效途径和重要渠道。但从国内城乡统筹视角下的旅游研究成果来看，虽然很多学者关注旅游业在城乡统筹中的独特作用，并做了大量基础性工作，但总体来看，一方面，学者们普遍注重个案研究，多数研究属“投入理解”的价值性研究，对城乡统筹视角下旅游业发展的系统性研究不足，缺乏对不同旅游类型与城乡统筹关系的深入分析；另一方面，较多的学者关注城乡统筹中乡村旅游的发展问题，对城市旅游的带动作用和环城游憩的过渡作用认识不够，相关研究也较少。因此，本研究在对基于城乡统筹的旅游业发展的一般论述的基础上，结合我国城乡现状、城乡统筹面临的主要问题，分别从城市旅游带动模式、乡村旅游模式和环城游憩模式在城乡统筹发展中的不同作用出发，分析其与城乡统筹发展的关系，并分别构建其发展模式，对不同模式的内容、路径和措施等进行针对性研究，是对现有研究的补充和发展，不仅可以提出统筹视角下不同类型旅游业的模式和策略，对基于城乡统筹的旅游业发展提供强有力的理论支持，还深化了城乡统筹及旅游业发展的研究内容，丰富了基于城乡统筹的旅游业发展的理论研究。

2. 现实意义

在当前社会经济发展的大背景下，旅游业作为国家战略性支柱产业和让人民满意的现代服务业的战略地位和独特作用，正逐渐成为城乡统筹发展过程中的重要推动力量。然而，城乡统筹视角下旅游业的开发实践中，虽然正面作用显而易见，但是由于对城乡统筹发展的理解不足、过分追求经济利益、各自为战等，也出现了城市旅游带动作用不突出、乡村旅游产业协同性低、环城游憩带承接效果差，以及旅游文化破坏、旅游生态环境退化、旅游产品同质化、管理落后等问题。通过对城乡统筹视角下不同旅游类型的发展模式进行研究，可以充分认识城市旅游、环城游憩、乡村旅游在城乡统筹发展中的可以解决的不同问题，以更好地发挥其不同的作用。首先，使决策者、开发者、公众等系统地了解城乡统筹中旅游业的发展不是城市旅游、乡村旅游的简单叠加，而是城市旅游、乡村旅游与环城游憩的分阶段、分层次的协调发展，以更好地指导城乡统筹中旅游业的实践。其次，城乡统筹视角下每种模式的旅游业都有其特殊作用和任务，城市旅游发展中要关注城市居民的需求，更要发挥其对城郊和农村的带动作用；乡村旅游的发展中既要加大投入，发挥其对解决"三农"问题的重要作用，更要提升质量，形成与城市旅游的互动；城郊结合部是环城游憩带的承载区域，是城市与乡村的过渡地带，因此，要通过环城游憩模式的发展，促进郊区产业结构向高级化发展，并借助城郊独特的经济和地理区位，大力推进城乡产业过渡、转移和融合。通过这种认识和分析，可以得出各自发展的关键和重点，为城乡统筹中不同地域的旅游发展提供借鉴；同时，通过理论分析和典型案例研究，还可以从管理、治理、制度、技术等多个层面输出策略和措施，对城乡统筹中旅游业的可持续发展具有较大的现实意义。

1.3　研究方法

从方法论的层面看，本研究采用理论分析与实证分析相结合的方法，逻辑上按照提出问题、分析问题、解决问题的思维方式，选择适合的案例进行实证性分析，构建城市带动、乡村旅游和环城游憩三种旅游业发展模式，统筹城乡旅游业发展，解决城乡统筹中所面临的众多问题。

本研究采用了如下研究方法：

1. 文献研究法

通过查阅相关文献，对国内外有关城乡统筹、城市旅游、乡村旅游以及环城游憩的相关理论成果进行梳理、总结和简单评述，以了解城乡统筹中旅游业发展的现状，更好地定位城市旅游、乡村旅游以及环城游憩在城乡经济社会统筹发展中的作用与地位，以期建立科学的发展模式，切实发挥旅游业在城乡统筹发展中的力量。

2. 系统方法

从系统论的角度出发，打破就城市论城市、就农村论农村的旅游业发展的空间框架，从城乡旅游业统筹发展的视角进行整体性研究，把城市旅游、城郊旅游、乡村旅游放进城乡统筹的大背景中系统考虑，使它们的发展关联起来，相互促进，共同发展。

3. 个案研究法

城乡旅游业统筹发展中，由于各地自身条件、环境、经济社会发展现状具有差异性，不同地区的城市旅游、乡村旅游、环城游憩的发展中也具有很大的差异性。因此，本研究选取了城乡旅游业发展中的典型案例，一方面验证理论研究的有效性，另一方面也阐述不同地区城乡旅游业发展的差异性。

4. 模式法

模式是指对事物内在机制及其外部关系的高度凝炼、抽象和概括。通过对城乡统筹中三大旅游模式，即城市旅游带动模式、乡村旅游模式和环城游憩模式的构建和分析，可以使问题的解决更为清晰，便于理论成果的演绎与运用。

1.4 研究内容与框架

本着提出问题、分析问题和解决问题的逻辑思路，本研究首先对城乡统筹面临的主要问题进行了归纳和总结，然后分析了旅游业在解决城乡统筹所面临问题时的特殊作用，以找到城乡统筹与旅游业的结合点，为后续研究奠定基础。在此基础上，先对城乡旅游业统筹发展的基础理论进行了具体阐述，又以系统论为指导，从整体上对城乡统筹中旅游业发展的动力机制、发展阶段和主要模式进行了规范性分析和研究，并首次提出了城市带动、乡村旅游和环城游憩三种城乡旅游统筹发展模式。在解决问题阶段，本研究分别阐述了三种城乡旅游统筹发展模式的内涵，界定了每种模式在城乡旅游业统筹发展中的作用及要解决的主要问题，然后分别构建了三种旅游发展模式的系统模型，并结合对相关案例的实证分析，从不同角度和侧重点对每种模式的内容、路径、问题和措施等进行了针对性研究。本研究的框架体系如图 1-1 所示。

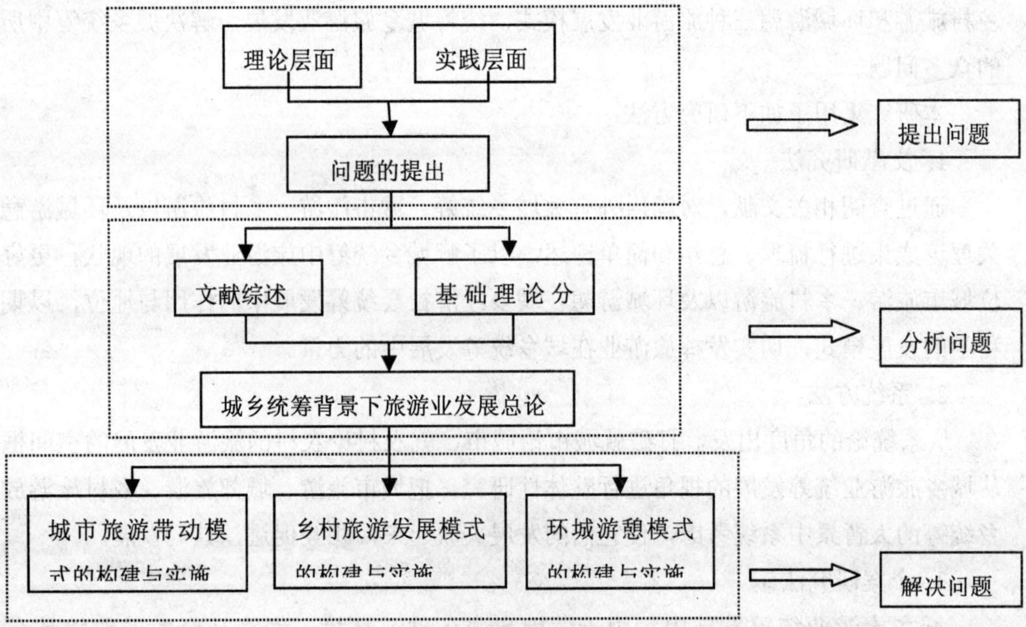

图 1–1 本研究的框架体系

第二章　理论基础

改革开放以来，中国的社会、经济都得到了长足的发展，但在社会经济快速发展的同时，城乡二元结构矛盾日益凸显，“三农”问题的存在和强化制约了社会经济的可持续发展。统筹城乡发展就是在这一背景下提出来的，是用来解决城乡结构矛盾的有效办法。城乡统筹要求实现工业与农业、城市与农村的良性互动。统筹城乡旅游业发展，是在城乡统筹的要求下，在城市带动农村、农村与城市的呼应中，通过发展旅游业，提高农民收入，促进农村产业转型升级，带动农村经济和社会发展。因此，基于城乡统筹的旅游业发展问题，不是城乡统筹和旅游业的简单叠加，而是在二元经济理论、增长极理论、点轴开发理论、推拉理论、可持续发展理论等坚实的理论基础上的深化和升华。

2.1　二元经济理论

二元经济结构理论是区域经济学的奠基性理论之一。刘易斯（Lewis，1954）在其《劳动无限供给条件下的经济发展》一文中，揭示了发展中国家并存着由传统的自给自足的农业经济体系和城市现代工业体系两种不同的经济体系，这两种体系构成了“二元经济结构”，而二元经济是发展中国家在发展过程中最基本的经济特征。正因为这种二元经济结构的存在，城市现代工业体系如果要扩大生产规模，就应按略高于农业经济体系中劳动者工资水平的工资不断地雇佣到所需的劳动力。因此，在传统农业部门存在劳动力无限供给的条件下，只要现代工业部门存在一定的资金，农业部门的剩余劳动力向工业部门转移就会对双方有利，既不会影响农业部门的产出，又能够增加工业部门的劳动力供给，并在一定范围内促使劳动力要素起到替代资金的作用，而且还可能促进农业生产率的提高。在这种假设下，现代工业部门的工资率取决于传统农业部门维持生存的收入。因此在工业部门，在劳动力的边际产品等于工资之前劳动力一直可以使用，而扩大再生产可通过其剩余完成。当现代部门全部吸收了传统农业部门的全部剩余劳动力以后，传统部门的工资开始提高，使贸易条件变得对农业有利，进而提高现代部门的工资率。随着农业部门的完全商业化，农业与现代工业部门将共同竞争劳动力，经济进入自我维持的增长阶段，直到农业劳动者的工资水平与城市现代工业劳动者的工资水平趋于一致，城乡收入差别逐渐消失，二元经济转变成一元经济，实现城乡一体化。

刘易斯的二元经济理论非常突出的特征就是他对劳动力无限供给的假设，他认为在这一假设下，二元经济发展的核心问题剩余劳动力由传统农业部门向现代工业部门的转移，经济发展的重心和关键是传统农业向现代工业的结构转换。不可否认，刘易斯的二元经济理论揭示了传统农业部门与现代工业部门的削长机理，对发展中国家的经济发展具有普遍的指导意义，但他在该理论中却忽视了农业劳动力转移过程中，对农业发展、工业技术选择以及城市就业与人口增长状况等的影响。1964 年，美国发展经济学家拉尼斯（G.Ranis）和美籍华人发展经济学家费景汉在《劳动剩余经济的发展》一书中提出了“拉尼斯—费景汉的二元结构理论”，修正和发展了刘易斯的二元经济理论，人们将之与刘易斯的理论合称为刘易斯—拉尼斯—费模式。拉尼斯—费景汉的二元结构理论不仅分析了劳动力从农业向工业的流动过程，还考察了劳动力的这种流动所引起的农业部门的变化，即在劳动力由农业向工业流动的初始阶段，流动的劳动力边际生产力等于零，因此不影响农业总产出；但当这部分“多余的劳动力”被工业部门全部吸收后，如果农业劳动力继续流出，则会影响农业部门的总产出。因为这时流出的农业劳动力边际产出为正，其流出意味着总产出的减少，而且随着劳动力流出量的增加，劳动力的边际产出递增，会加速农业总产出的减少。上述过程说明，工业部门的扩张不会一直带来农业部门的发展，一个国家如果在经济发展过程中把注意力全部放在工业化发展上，则可能对农业部门带来负面影响，进而引起农业、农民和农村的深层问题。因此，在工业化过程中，必须同时重视农业部门本身的发展，促成工农两个部门的平衡增长。之后，上述理论又被乔根森、哈里斯特和托达罗等人进一步修正。

二元经济理论认为城市现代工业部门和农村传统农业部门具有显著差异，农业剩余劳动力向现代工业和服务业部门的转移是经济发展过程的一个必然阶段。事实上，发展中国家的二元特征除了表现在劳动力市场上外，还表现在生产技术、金融市场等其他方面。总之，在发展中国家的经济发展过程中，发达地区由于要素报酬率较高，投资风险较低，因此吸引大量劳动力、资金、技术等生产要素和重要物资由不发达地区流向发达地区，从而在一定时期内使发达地区与不发达地区的差距越来越大。这种地区发展的不平衡将在“循环积累因果关系”的作用下不断加强，从而使得发达地区进一步发展，而不发达地区则更加落后。经过相当长的时期后，发达地区产业集中超过一定限度后，出现规模报酬递减现象，发展速度减缓；但随着人口压力过大、基础设施紧张、资源不足、外部不经济等，“扩散效应”才会发挥作用，这样发达地区会通过资金、技术乃至人力资源向其他地区逐步扩散，以寻求不发达地区经济增长的机会，特别是对不发达地区产品和资源的市场需求会相应增加。

长期以来，国家在经济发展中采取的“重城轻乡”的政策和资源配置上的非均衡造成了我国城乡分割的二元结构，使农业和农村失去自我发展的能力，农民持久贫困，被现代经济边缘化。如何逐步改变城乡二元经济结构，实现城乡二元经济向一体化经济的跨越，是城乡经济社会统筹发展的关键。在宏观层面上，要通过国家逐步改变对城乡的二元宏观政策，实现城乡平等的一体化宏观管理；在微观层面上，要通过农民市民化、农业工业化、农村城市（镇）化来完成城乡生产方式一体化、生活方式一体化、市场体系一体化。因此，基于城乡统筹的旅游业发展，既要依靠市场的力量有效实现城乡旅游业的互动发展，又必须由政府制定相应的政策和措施，扶持城郊、农村旅游业的发展。具体而言，就是要在二元经济理论的指导下，依据我国城乡二元经济的现实状况，根据城乡统筹发展的要求，遵循旅游业自身的发展规律，将旅游业的发展与城乡统筹的各项工作有机结合，通过旅游业分层次、分阶段的有序发展，有效破除城乡中劳动力、资金、技术等的二元格局，促进城乡间生产要素的流动，加强城市旅游对城郊、农村的带动和辐射作用，发挥城乡结合部在整体统筹工作中的过渡作用，切实改善农业产业结构，促进产业融合、嵌入式发展，实现农业产业化和多元化经营，提高农业产值、农产品附加值和农民收入，最终实现城乡旅游业一体化发展。

2.2 增长极理论

增长极理论是以非均衡发展理论为基础的，是不平衡发展论的主要依据之一，是指在一国经济增长过程中，由于某些主导部门或者有创新力的企业在特定区域或城市聚集，从而形成一种资本和技术高度集中，增长迅速并且有显著经济效益的经济发展机制。法国经济学家弗朗索瓦·佩鲁在20世纪50年代初最早提出“增长极”的概念，它主要建立在抽象的经济空间上，认为经济空间并不是平衡的，而是存在于极化过程之中。他认为受力场的经济空间中存在着若干中心（或极），产生类似“磁极”作用的各种离心力和向心力，每一个中心的吸引力和排斥力都产生相互交汇的一定范围的“场”。佩鲁正是从这种受力场的中心确定了他所谓的增长极，即增长极是位于这个力场中的推进性单元，是围绕主导产业部门而形成的高度联合的一组产业，它不仅自身能迅速增长，而且对其他经济单位存在着支配效应，能通过乘数效应扩散到经济的其他部门中去。

在此基础上，经过一些学者的研究，这一理论有了进一步的发展，如佩鲁的弟子布代维尔运用增长极理论解释区域空间结构的形成，他认为主导产业群所在的城市就构成一个区域增长极，不同规模的中心城市构成增长极等级体系，并通过扩散效应带动腹地的发展。基于此，增长极理论从经济空间拓展到地理空间，不仅包括与一定地理范围相联系的变量之间的结构关系，也包括了经济现象的区位关系，增长极既可以是部门的，也可以是区域的，从而提出了区域增长极概念。瑞典经济学家缪尔达尔在同一时期提出了“循环累积因果理论”，认为发达地区（城市或增长极）能产生两种效应，一是发达地区（增长极）对周围地区的阻碍作用，称为回流效应，也叫极化效应；二是发达地区（增长极）对周围地区经济发展的推动作用或有利影响，称为扩散效应。极化效应是指生产要素向增长极集中的过程，即资金、物资、能量、信息、人才等向发达地区集中的过程。这种积聚过程既造成周围地区因人力、物力、财力的减少，从而降低其发展速度；同时包括发达地区经济实力发展到一定水平时带来的劳动力、资金、技术、设备、信息等要素在一定程度上从发达地区（增长极）向外扩散，从而促进周围地区发展的扩散作用。

综上所述，区域经济发展中的增长极，不仅可以形成自身强大的规模经济，也可以对其他经济部门或产业产生支配效应、乘数效应以及极化与扩散效应。因此，增长极理论提出后，被许多国家和地区用来解决其不同区域的发展和规划问题，而且20世纪70年代以后，许多不发达国家和区域纷纷将增长极理论作为指导其经济发展的重要工具，消除落后地区的贫困，以使经济协调发展。这一理论应用的成功经验表明，该理论的应用不仅要与本国或本地的具体情况相结合，选择合适的增长点或增长极，确立推进型的产业和以此为主导的产业综合体，而且要充分发挥政府的作用，制定、出台科学合理的政策和措施，以有效发挥增长极的扩散作用，促进落后地域的经济发展。因此，根据此理论，后起国家在进行产业布局时，首先可通过政府计划和重点吸引投资的形式，有选择地在特定地区或城市形成增长极，使其充分实现规模经济，并确定在国家经济发展中的优势和中心地位，然后凭借市场机制的引导，使得增长极的经济辐射作用得到充分发挥，并从其邻近地区开始逐步带动增长极以外地区经济的共同发展。

城乡统筹发展，实质上是要解决城市、农村经济发展不平衡的问题，在一定程度上与增长极理论的原理一致。在我国实现城乡统筹发展的过程中，一方面，城市区域、部分城郊和一些经济较发达的农村地区，由于产业结构发育比较成熟，具有比较完整的产业关联和空间关系，产业集聚和规模效应明显，应该选择特定区域培养增长极，以充分发挥区技术、资金、人力资本等方面的优势，形成对周边区域的扩散效应。另一方面，在广大落后的城郊特别是农村地区，虽然其技术相对落后，人才、资金等比较缺乏，但自然资源往往比较丰富，因此，需要发挥政府的能动作用，根据各地条件引进、创立、完善产业关联，打破狭隘和封闭的发展状态，改善空间结构关系，培育生产要素能自由流动的区域经济环境，在承接城市辐射的基础上，根据产业、技术等状况选择适当的增长极，以促进集聚效应的形成。

旅游产业不仅综合性强，而且具有非常强的产业关联性，可以有效地与农业、工业、现代服务业等实现融合，因此，在城乡统筹发展中，在特定地区发展城市旅游、城郊旅游、乡村旅游，培育增长极，首先，可以充分发挥旅游业人流和要素流的双流优势，打破现有城城之间、城乡之间以及乡乡之间的行政界线的分割，形成资源互动、市场互补的新局面，进一步克服当前旅游项目遍地开花、大而全、小而全的情况。其次，可以充分利用旅游业的关联带动性，加强产业关联和经济的空间联系。众所周知，旅游业属于前向关联度和侧向关联度都比较大的产业，直接、间接与100多个产业和部门相关联，可以有效带动相关产业的发展，因此统筹城乡旅游业发展，培育旅游增长极，能够发挥增长极在城乡经济社会发展中的极化效应和扩散效应，有效吸纳城乡富余劳动力，调整和优化城乡产业结构，加快城市化进程，实现城乡一体化发展。当然，旅游业具有投资大、收效慢的特点，而且对基础设施等具有较高的要求，因此，在统筹城乡旅游业发展中，培育旅游增长极要提高政府的管理能力，加强区域基础设施建设。

2.3 点轴开发理论

点轴开发理论是在增长极理论的基础上发展而来的，最早是由波兰经济学家萨伦巴和马利士提出的。这一理论中的“点”指的是以高创新能力带动区域发展的各类区域增长极，而“轴”则指的是连接各增长极的线状基础设施，包括各类交通线、动力供应线、水源供应线及其沿线地带。“轴”这一概念来源于20世纪70年代经济学家纳·松巴特提出的“生长轴”理论，这一理论认为空间极化不仅仅会出现在若干点上，而且也可以出现在连接各点的重要交通干线及其沿线的线状地带上。交通干线的建立，首先是为区域增长极服务的，不仅使增长极之间的人流、物流和资金流更为畅通，而且运输费用和生产成本也大为节省。但是轴线一旦建立，便会吸引人口、产业向其两侧积聚，在沿线形成有利于产业布局的新区位，从而形成新的增长极，如此反复，点轴贯通，就形成了“多核”扩散型的点轴系统，进而形成均衡网络化的点轴结构。

从区域经济发展过程看，点轴开发理论基本上符合生产力空间运动的客观规律。在区域经济发展中，经济中心一般首先集中在区位条件好的少数地方，成斑点状分布，这种经济中心是区域经济的增长极，也是点轴开发模式中最早的“点”，随着经济的进一步发展，一方面，这样的“点”在数量上会逐渐增加；另一方面，点与点之间，由于生产要素的交换而相互连接，形成轴。因此，随着时间的推移和经济的不断发展，点轴模式逐渐实现了由单点向多点，进而向网络化的发展。所以，点轴开发理论可以简单地理解为从发达地域的经济中心沿交通线路向不发达地域的不断推移，它是由增长极与生长轴相结合而成的一种新的区域不平衡发展理论。这一理论和模式的基本思路可以归纳为以下几点：第一，在一定范围内，确定若干具有有利发展条件的大区间、省区间及地市间线状基础设施轴线，对轴线地带的若干个点(城市及城市区域)予以重点发展。第二，经济实力的增强促使经济开发的注意力向低级别的发展轴和发展中心转移，发展轴线也逐步延伸到较不发达地区，以往不作为发展中心的点成为较低级别的发展中心。第三，与中心城市距离比较适宜的地区，具有较好发展条件的点可以作为次级发展中心，与一级中心进行广泛的技术交流、信息扩散和生产协作，同时形成三级、四级中心。各级别中心城市在生产规模、技术水平、产品销售范围等方面的职能体现出差异。

统筹城乡经济社会发展，重点是以城带乡，实质上与点轴开发理论的原理基本一致，将城市、城市中的部分区域等作为点，通过发挥其经济、社会、文化等方面的优势，沿交通线路向纵深推进，逐步带动不发达的广大农村的发展。事实上，在城乡统筹发展战略提出之前，点轴开发理论早已被应用于中国经济的发展中。十一届三中全会以后，我国以经济开发区为标志，实施了有重点的梯次推进的非均衡发展战略，随后又开放了14个沿海城市和5个沿海经济开发区，通过这些沿海城市和开发区的确立，逐步实现了经济由点到线、由线到面、由沿海向内地逐渐推进的发展。这种经济发展战略是点轴开发理论的具体化。

统筹城乡旅游业发展，也需要以点轴开发理论为指导，首先，承认旅游经济发展的区域不平衡性，选择资源、区位、产业要素等具有优势的区域作为旅游增长点，充分发挥点与点之间交通线路的“轴线”作用，进行各点之间资源要素的跳跃式配置，进而发挥轴线的作用，带动城乡纵深区域的发展。当然，旅游“点”不仅可以位于城市区域，也可以位于城郊，或者农村区域，只要旅游发展有一定基础，产业要素较齐全，资源条件好，有较好的可进入性，就可以从城乡区域整体角度出发，作为“点”。其次，一定要注意旅游发展的时序性，即城乡旅游点轴发展是一个渐进式扩散过程，具有空间和时间上的连续性，尽管“点”既可以位于城市，也可以位于农村，但必须确定中心城市的等级体系，以及中心城市和生长轴的发展时序，从最初的少数旅游开发“点”到旅游“轴线”，使开发重点逐渐转移扩散，实现由简单的点轴并存到多个点轴交织，再到网络化的城乡旅游业发展局面。最后，在广大的欠发达的城郊、农村地区，旅游增长点的培育可以按照城镇等级体系进行，以通过城镇等级体系实现旅游业从核心区向边缘区的扩散，但要注意应避免过多地选择旅游发展点，以避免区域中的重复建设；同时注意旅游业，特别是乡村旅游业与其他产业的联系，以形成综合一、二、三产业的比较完整的产业链，更好地发挥旅游业在城乡统筹发展中的作用。

2.4 推拉理论

配第的“引力论”和李斯特的“推力论”综合称为“推拉理论”(Push and Pull Theory)，是研究人口流动的重要理论之一。该理论认为，在市场经济和人口自由流动的前提下，人口迁移的原因在于通过搬迁改善搬迁者的生活条件。流入地中那些改善移民生活条件的因素是拉力，而流出地中相对不利的社会经济条件是推力。从农村向城镇的劳动力迁移可能是因为城镇的“拉力”造成，也可能是因为农村的“推力”造成，也可能是在两种力量的共同作用下完成的。而人口迁移动力大小取决于城乡经济社会发展的差异程度。哈里斯—托达罗的迁移模型进一步发展了这一理论，该模型认为劳动力的迁移主要取决于城乡劳动力市场的工资比较。

统筹城乡经济社会协调发展，一方面，城镇化是必然趋势，是构建城乡经济社会发展一体化新格局的重要载体和推动力量。随着城乡统筹的不断推进，必然带来人口向城镇集中，在农村劳动力向城镇转移的这一过程中，必须以推拉理论为指导，科学分析城市经济社会发展中的对劳动力转移的各种“拉力”和农村经济社会发展中的使劳动力流出的各种“推力”，正确发挥其推拉作用。另一方面，在城乡统筹发展过程中，除了劳动力在城乡之间的流动外，还有大量资源、要素、资金、技术、信息等要素在城乡间流动，在这些要素流动中，同样需要分析造成其流动的推力和拉力，以更好地指导城乡统筹中产业的发展，发挥城市的带动作用，实现农业向规模化集中，产业向集聚化、特色化发展，公共服务向城乡一体化布局，等等。

统筹城乡旅游业发展，不仅用推拉理论指导旅游业发展中所带来的劳动力转移问题，充分认识并认真分析促进人口转移的推力和拉力，必要的时候通过各种政策、措施等来促成这种推力、拉力，以更好地通过城市旅游带动模式，吸纳农村富余劳动力，实现农村劳动力向城市的异地转移，减少农民数量。同时还可以放大推拉理论的内涵与作用，用该理论分析城乡统筹中旅游业发展的动力机制。基于城乡统筹的旅游业发展的动力来源于很多方面，其中推力和拉力是两个重要组成部分。因此，从推、拉两个方面，全面分析城乡统筹背景下旅游业整体发展的推力、拉力和各旅游类型发展的推力、拉力，一方面可以直接利用这些力的作用促进旅游业发展，另一方面也可以通过指定各项政策等在一定程度上促成某些推力或拉力，以推进城乡统筹中旅游业的发展。

2.5　可持续发展理论

可持续发展理论的形成经历了很长的历史过程。20 世纪中后期，随着经济增长、城市化、人口、资源等所形成的环境压力的加大，人们对增长等于发展这一模式产生怀疑，并引发了《寂静的春天》、《增长的极限》等一系列讨论，最终形成了“持续增长”的理念。1987 年，联合国世界与环境发展委员会在其发表的报告《我们共同的未来》中，正式提出可持续发展的概念，即“既满足当代人的需要，又对后代人满足其需要的能力不构成危害的发展”，并以此为主题对人类共同关心的环境与发展问题进行了全面论述，受到世界各国政府组织和舆论的极大重视。进入 20 世纪 90 年代以来，可持续发展被正式列入国际议程，1992 年世界环境与发展会议，1994 年的世界人口与发展会议，1995 年的哥本哈根世界首脑会议，都依次提出了可持续发展战略构想。

所谓可持续发展，就是通过治理可能出现的环境恶化、环境污染和重大自然灾害的发生，从而谋求经济、社会与自然环境的协调与平衡发展。《中国 21 世纪议程》认为可持续发展主要是在保持经济快速增长的同时，依靠科技进步和提高劳动者素质，不断改善发展质量，提倡适度消费和清洁生产，控制环境污染，改善生态环境，保持可持续发展的资源基础，建立“低消耗、高收益、低污染、高效益”的良性循环发展模式。

城乡统筹发展，最终目的是实现城乡经济社会可持续发展，因此要协调好城乡人口、资源、环境与发展的关系。在城乡旅游业统筹发展过程中，城市旅游、城郊旅游和乡村旅游的发展都要以可持续发展理论为指导，追求发展主体的公平性，经济发展的持久性，资源利用的永续性，切实处理好人与自然的关系，以构建和谐的城乡人地关系系统。

第三章 城乡统筹与旅游业发展总论

旅游业自身的特点决定了其在城乡统筹中具有独特的作用，但要充分发挥这些作用，有效促进城乡经济社会的统筹发展，既要遵循旅游业自身发展规律，又要将旅游业的产业特点和城乡统筹的各项工作相结合，建立包括资源、市场、企业、政府等要素的系统的动力机制，选择符合当前现状的旅游业发展模式，并使旅游业的发展分层次、分阶段地有序进行。

3.1 城乡统筹中要解决的主要问题

城乡统筹发展实质上是经济社会结构逐步全面转换的过程，涉及的问题很多，包括经济、社会、政治、文化等方方面面。要将旅游业作为城乡统筹工作的切入点，充分发挥其积极作用，必须要对城乡统筹发展中面临的主要问题有清晰和正确的认识。

3.1.1 劳动力就业问题

长期以来，我国的经济增长和劳动力就业没有表现出一般意义上的正相关态势，劳动力供给持续增长，而且增速远高于劳动力的需求或经济吸纳能力的增长，造成大量城乡劳动力闲置。与此同时，劳动力就业结构变动又长期滞后于产业结构变动，突出表现为两个矛盾：第一，在劳动力就业构成中，第一产业就业结构转换滞后。根据国家统计局 2012 年 2 月 22 日发布的《中华人民共和国 2011 年国民经济和社会发展统计公报》，2011 年我国三次增加值占 GDP 比重为：第一产业占 10.1%，第二产业占 46.8%，第三产业占 43.1%。非农产业产值之和占 GDP 比重已达 89.9%。但是，2011 年从事第一产业的劳动力仍高达 34.8%，产业与就业结构表现的偏差高达 24%以上。第二，在非农劳动力就业构成中，第三产业就业结构转换滞后，大大偏离于其他国家的普遍情况。十六大以来，随着非农产业的迅速发展，我国二、三产业就业比重持续提高。截至 2011 年底，第一产业就业人员从 2002 年的 36640 万人减少到 26594 万人，年均减少 1116.2 万人；第二产业就业人员从 2002 年的 15682 万人增加到 22544 万人，年均增加 762.4 万人；第三产业就业人员从 2002 年的 20958 万人增加到 27282 万人，年均增加 702.7 万人，三次产业的就业比例由 2002 年的 50∶21.4∶28.6 转变为 34.8∶29.5∶35.7。但根据国际经验，世界上绝大多数经济发达国家与发展中国家，第三产业就业一般高于其产值比，而我国历年来第三产业的就业比均低于其产值比，2011 年虽有较大改善，但其比重仍仅为 35.7∶43.1，产业和就业结构的偏差在 7%以上。如此巨大的非农就业偏差的主要原因在于第三产业发展滞后。

农村人口转入城市，实现农民就业非农化，是一项系统工程，其关键在于城镇产业的发展。西方发达国家的经验表明，农业劳动力占总劳动力就业的比例一般低于 5%，乡村人口占总人口的比例一般低于 10%。根据《中华人民共和国 2011 年国民经济和社会发展统计公报》，2011 年末全国总人口为 134735 万人，比上年末增加 644 万人，其中城镇人口为 69079 万人，占总人口比重首次超过 50%，达到 51.3%，农村人口占比为 48.7%。考虑到我国国情，这一比例下降到 30%，需要转移 2.5 亿农民，这在短时间内无法完成。

目前，我国城市产业正处于“转方式、调结构”时期，大量的劳动密集型产业被淘汰，知识技术密集型产业迅速发展，但其资本有机构成高且对人员素质要求高，就业吸纳能力有限。而城市新增劳动力却在逐年增加，这必将造成城市人口就业压力加大，根据《2012 中国人口和就业统计年鉴》，2001～2010 十年间，除 2007 年、2010 年外小幅下降外（分别为 2.0%和 1.4%），其余八年我国城镇登记失业人数均处于增长态势（年平均增长率为 6%），自 2002 年以来，城镇登记失业率一直在 4%以上。

由此可见，在城乡庞大的人口和劳动力的双重挤压下，就业矛盾相当尖锐，是我国推进城乡统筹发展面临的主要问题。解决这一问题的根本前提是城乡产业的转换升级和协调发展，如果没有产业的发展，仅仅取消阻碍农村劳动力向城镇转移的制度壁垒，无法实现城乡一体化发展。当前有些地方本末倒置，以为把城乡户籍制度统一，就能实现城乡一体化，城乡差别就能消失，这是根本不可能的。有的地方就出现了政府取消了二元户籍制度，但农民转为城市居民的积极性不高，有的农民甚至说，城镇户口又不能解决吃饭问题。这就说到了问题的实质：就业才是民生之本。

3.1.2　城乡居民收入差距问题

改革开放以来，我国城乡居民收入有很大的增长，但城乡收入差距进一步拉大是一个不能回避的事实，如表 3-1 所示。

表 3-1　1996～2011 中国城乡居民收入及生活情况表

指标／年份	农村居民家庭人均纯收入（元）	城镇居民家庭人均可支配收入（元）	农村居民家庭恩格尔系数（%）	城镇居民家庭恩格尔系数（%）
1996	1926.1	4838.9	56.3	48.8
1997	2090.1	5160.3	55.1	46.6
1998	2162.0	5425.1	53.4	44.7
1999	2210.3	5854.0	52.6	42.1
2000	2253.4	6280.0	49.1	39.4
2001	2366.4	6859.6	47.7	38.2
2002	2475.6	7702.8	46.2	37.7
2003	2622.2	8472.2	45.6	37.1
2004	2936.4	9421.6	47.2	37.7
2005	3255.0	10493.0	45.5	36.7
2006	3587.0	11759.0	43.0	35.8

续表

指标 年份	农村居民家庭人均纯收入（元）	城镇居民家庭人均可支配收入（元）	农村居民家庭恩格尔系数（%）	城镇居民家庭恩格尔系数（%）
2007	4140.0	13786.0	43.1	36.3
2008	4761.0	15781.0	43.7	37.9
2009	5153.0	17175.0	41.0	36.5
2010	5919.0	19109.0	41.1	35.7
2011	6977.0	21810.0	40.4	36.3

资料来源：根据历年《中华人民共和国国民经济和社会发展统计公报》整理。

根据表 3-1 的相关数据，本研究对 1996～2011 农村居民收入和城乡居民收入年增长率差距进行了统计分析，如图 3-1 所示。

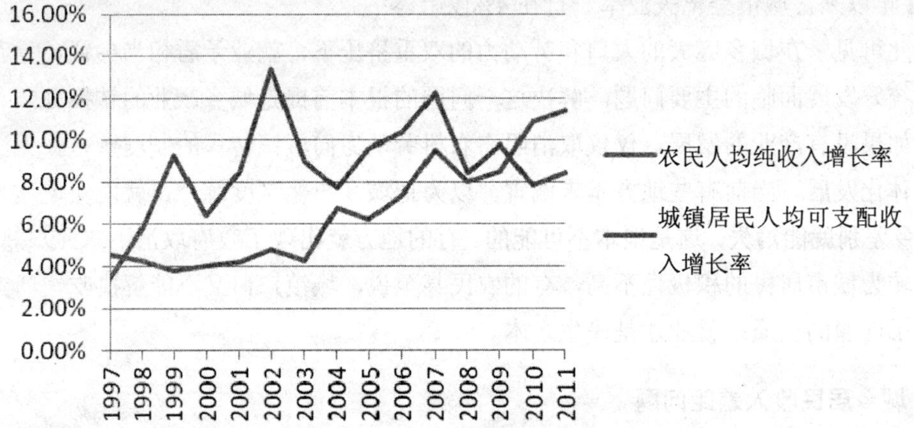

图 3–1　1997～2011 年我国城乡居民收入增长率对比曲线

由图 3-1 所示，由于农产品提价等因素的影响，1997 年农民人均纯收入增长（4.6%）高于当年城镇居民人均可支配收入增长（3.4%），但从 1998 年以后，农民人均纯收入增长率与城镇居民人均可支配收入增长率的差距日益加大，2002 年达到峰值（2002 年农民人均纯收入增长率为 4.8%，城镇居民人均可支配收入增长率为 13.4%，两者差距的绝对值为 8.6%）。

始自 2001 年的我国农村税费改革[①]，在 2003 年以后开始显现成效，农民人均纯收入

① 为进一步减轻农民负担，规范农村收费行为，中央明确提出了对现行农村税费制度进行改革，并从 2001 年开始，逐步在部分省市进行试点、推广。其主要内容可以概括为："三取消"、"两调整"、"一改革"。"三取消"，是指取消乡统筹和农村教育集资等专门向农民征收的行政事业性收费和政府性基金、集资；取消屠宰税；取消统一规定的劳动积累工和义务工。"两调整"，是指调整现行农业税政策和调整农业特产税政策。"一改革"，是指改革现行村提留征收使用办法。 2005 年 3 月 5 日，温家宝总理在第十届全国人民代表大会第三次会议上所作的政府工作报告中宣布，2006 年全部免征农业税。2005 年 12 月 29 日，十届全国人大常委会第十九次会议表决通过废止农业税条例的决定，决定 1958 年 6 月 3 日一届全国人大常委会第九十六次会议通过的农业税条例自 2006 年 1 月 1 日起废止。至此，新中国的农业税走完了它的全部历程。废止农业税条例，取消农业税，是一个历史性的决定，具有划时代的意义，它标志着现代中国从由农业支持工业、农村支援城市进入了工业反哺农业、城市支持农村的城乡一体化经济社会发展阶段，宣告了 2600 多年来我国对土地、农民连续单独课税历史的终结。

增长率与城镇居民人均可支配收入增长率的差距逐步缩小，至2008年，农民人均纯收入增长率（8.0%）与城镇居民人均可支配收入增长率（8.4%）基本持平。此后，由于受国际金融危机的影响，城镇居民人均可支配收入增长乏力，且表现出增速放缓趋势。而受一系列惠农政策的推动和国家收入分配改革的正面影响，我国农民人均纯收入增长率一路上扬，至2010年达到10.9%，这是进入21世纪以来，我国农民人均纯收入增长率首次达到双位数，也是首次超过城镇居民人均可支配收入增长率（7.8%）。

联合国根据恩格尔系数的大小，对世界各国的生活水平有一个划分标准，即一个国家平均家庭恩格尔系数大于60%为贫穷，50%～60%为温饱，40%～50%为小康，30%～40%属于相对富裕，20%～30%为富足，20%以下为极其富裕。从2000年开始，我国城镇家庭恩格尔系数一直在30%～40%之间，属于相对富裕水平。我国农村家庭的恩格尔系数一直呈下降趋势，这说明我国农民的生活水平不断提高，已逐步进入小康水平，但与城市居民家庭相比，仍有4%～6%的差距。再加上曾经发展势头猛进的乡镇企业和大多数加工型制造业由于受宏观经济影响，增速下降，吸纳农业劳动力能力减弱，农民进城打工难度增加，一度缩小了的城乡居民收入差距现已再度扩大。如果农村居民人均纯收入为1，则城乡居民收入之比(不考虑价格因素)1978年为2.561∶1，1982年为1.82∶1，1994年达到2.86∶1，以后收入差距略有减缓，但从图3-2可以看出，由于城乡居民收入增长率的差异，自1997年至2003年，城乡居民收入比呈快速拉大趋势，到2003年达到3.23∶1，直到2004年、2005年各项对农优惠政策实施后，差距增幅才渐趋平稳，到2009年达到最高值3.33:1。从2010年开始，农民人均纯收入增长率逐步高于城镇居民人均可支配收入增长率，城乡收入差距才开始出现明显的下降趋势，2010年为3.23:1，2011年为3.13:1，如图3-2所示。

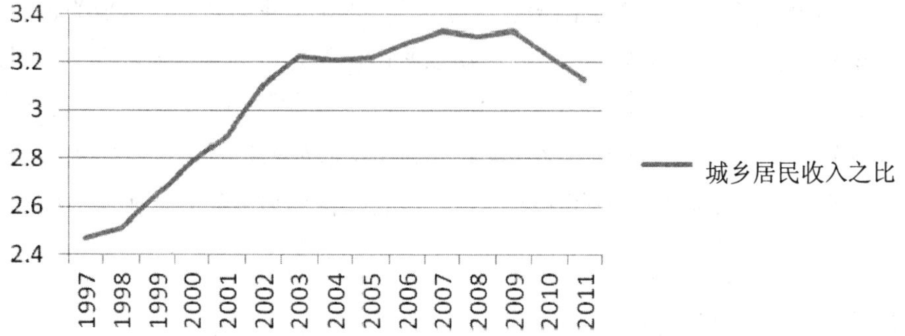

图3-2　1997～2011年我国城乡居民收入差距

如果将农民的人均纯收入转换为农民可支配收入，城乡居民收入差距则更大。再加上城乡居民在社会福利、医疗保险、失业保险、住房补贴等方面的差距，我国城乡收入之比可能达到4倍、5倍，我们可以采用国际上通行的基尼系数①对此加以说明。一般认为，基

① 基尼系数（Gini coefficient），是20世纪初意大利经济学家基尼，根据劳伦茨曲线所定义的判断收入分配公平程度的指标。基尼系数越大，说明居民收入差距越大，社会贫富差距越悬殊。

尼系数低于0.2表示收入绝对平均；0.2～0.3表示比较平均；0.3～0.4表示相对合理；0.4～0.5表示收入差距大；0.6以上表示收入差距悬殊。通常把0.4作为收入分配差距的“警戒线”，超过这条“警戒线”时，贫富两极的分化较为容易引起社会阶层的对立从而导致社会动荡。主要发达国家的基尼指数一般在0.24到0.36之间。根据世界银行的数据，2010年全球基尼系数平均为0.44。2013年1月18日，国家统计局公布了我国自2003年以来的基尼系数，如图3-3所示。

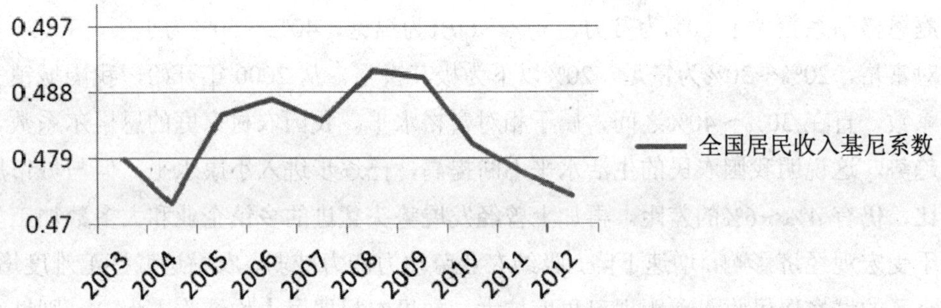

图3-3 2003～2012年我国居民收入基尼系数

由图3-3可知，在国家统计局公布的数据中，2003～2012的十年，我国的基尼系数是先逐步扩大，而后又略有缩小的走势，但历年的基尼系数均在0.47以上，大大超过了0.4的“警戒线”。因此，统筹城乡经济社会发展，首先必须提高农民的收入水平，缩小城乡居民的收入差距已刻不容缓。缩小城乡差别，最终消灭城乡差别，需要一个过程，必须随着经济的发展逐渐推进，不可能一蹴而就。2003年至2011年，中国经济GDP以10.7%的平均增速，不仅远高于同期世界经济3.9%的年均增速，而且高于改革开放以来9.9%的年均增速，其中有6年实现了10%以上的增长速度，至2010年我国超过日本成为世界第二大经济体。虽然经济总量位居世界前列，但人均GDP还仅仅处于下中等国家水平。根据国际货币基金组织（IMF）公布的数据显示，2011年中国人均GDP为5414美元，排名世界第89位。同时，我国农村地域广大，人口众多（截至2011年，农村人口仍占全国比例的48.7%），截至2010年底，农村贫困人口还有2688万①，要真正做到城乡统筹，确实有财力方面的制约。

3.1.3 国民经济分配格局问题

国民经济分配关系及资源配置取向是影响区域、城乡、工农关系的最重要因素。中国已经进入工业化的中期阶段，根据国际经验，此阶段从国民经济发展格局看，应当是工农业相对平衡增长、协调发展阶段，是开始城乡统筹发展的最佳时期。但是从中国经济运行的实际情况观察，国民经济分配格局仍然是重工轻农、重城轻乡，突出表现在如下几个方面：

① 国务院新闻办公室2011年11月16日发布的《中国农村扶贫开发的新进白皮书》。

1. 财政用于农业的资金不足

农业既是基础产业也是弱质产业，生产周期长、经营风险大、投资回报率低等特点使得农业自身积累资金的能力弱，不足以改造传统农业，实现现代化生产。因此，必须加大国家财政支农力度，才能促进农业的现代化和农业的持续稳定发展。改革开放以来，我国财政用于支农的资金大幅度提高，从 1978 年的 150.66 亿元增加到 2010 年的 8129.58 亿元，增加了近 55 倍。但财政支农支出占全国财政总支出的比重却呈现波浪式下降趋势。1978～1980 年，农村地区实行经济体制改革，财政支农支出占总支出的比率都在 12% 以上，之后这一比率却一直在下降。90 年代初开始增加，但基本都没超过 10%，1998 年财政支农支出占总支出的比率达到 10.69%，但之后又迅速回落，直到 2007 年开始逐年回升，到 2010 年达到峰值。总的来看，我国财政支农支出比率低且不稳定，不利于农业的持续稳定发展。

2. 金融政策向工业和城市倾斜，农村资金流失严重

当前我国正在处于“工业反哺农业，城市支持农村建设”的关键时期，新农村建设需要大量的资金。然而我国农村地区一方面存在资金严重短缺的问题，另外一方面资金外流的情况却非常严重。农业是弱质型产业，收益率低，风险大。农村和农业的性质决定了在零售层面上提供农村金融服务成本高，因此需要较高的利率才能使收益覆盖成本，才能实现农村金融机构可持续经营。如果收益覆盖不了成本，资金的唯一选择就是“逃走”。据统计，在 1994～2003 的十年中，仅通过农村信用社和邮政储蓄就有超过 8000 亿元的资金从农村流出。2007 年农行、农发行、信用社、邮政储蓄四类机构在县域吸收的储蓄存款总额大约在 12 万亿元以上，而当年全部涉农贷款大约 5 万亿元，按此估算，2007 年农村资金外流大约 7 万亿元。这种资金外流导致农村地区信贷供给不足，使更多的农户转向民间借贷，承担更高的利息支出，阻滞了农民脱贫致富的步伐，加剧了我国城乡之间的贫富差距。

3. 在城镇化和工业化进程中，因征地引发的社会矛盾突出

土地是农民的命根子，是农民生活最基本的保障，也是农村稳定的基础。然而，农民的农业土地转化为非农业用地是实现工业化和城市化的前提。自 20 世纪 90 年代以来，全国每年至少有 300 万农民失去土地，累积到现在失地农民已达 4000～5000 万人，其中完全失去土地又没有就业机会的至少在 1000 万人以上。据农业部国土资源方面的专家测算，改革开放以来，各级政府通过低价征用农民土地，然后高价出售，使农民至少蒙受了 2 万亿元的损失，远远超过了农民因工农产品“剪刀差”而流失的 6000～8000 亿元的水平。失地农民到城市务工，以城市职工为参照，社会每年应该为他们缴纳而未缴纳的各项社会保障费用大概是 4000 亿人民币，都转化成了城市的建设资金、企业的利润和城市居民的社会福利。尽管有些地区对失地农民给予较高的经济补偿，但由于缺乏相关配套措施，如农民就业创业、社会保障、公共基础设施等，使得失地农民生活水平普遍下降，由此引发诸多社会矛盾。因此，如何维护失地农民的合法权益，解除他们的后顾之忧，帮助他们安居乐业，是目前各级政府和社会各界普遍关注的一个热点问题。

4. 农村公共物品供给与社会事业发展滞后

长期以来城乡分割的二元结构政策，导致农村在水、电、路、通讯、学校、医院、图书馆、医疗和养老保险等公共物品的供给和基础设施建设滞后。这使得广大农村在很大程度上成为城市发展的原料供给者，而没有在社会发展中获得应有的待遇，在发展机会和国民待遇方面，农民无法与城市居民平等享受。近年来，这种城乡二元经济结构正逐步得到改善，但农村公共物品供给和社会事业发展与城市相比，仍然差距甚大并存在诸多问题，如财政支农结构不合理，供需不平衡，供给主体单一，政府低效率，管理机制落后，教育、医疗、养老等社会保障体系还不能完全覆盖广大的农村地区等。

3.1.4 城乡产业结构不合理，关联性弱的问题

实现城乡统筹发展，主要就是通过城乡产业的融合与互动，推动城乡经济、社会资源的自由流动，以实现城乡经济、社会和文化的一体化发展。我国当前城乡产业结构不合理，产业关联性不强，如农村大量农产品积压、农民增产不增收等问题，其原因不在于我国粮食等农产品的绝对量过剩，而在于农村缺乏开放化的农产品流通组织，缺少农产品深加工的技术和经营单位等，其根本症结是无法将城市的工业和现代服务业与农业有效结合。

世界经济发展的过程表明，产业结构合理的变化方向是第三产业在国民经济总产值中的比例不断上升，而第一、第二产业比例不断地下降。2011 年，我国一、二、三次产业结构比例为 10. 1∶46. 8∶43. 1，第一、二产业比例相对过大，以服务业为主体的第三产业比例较小（不仅低于发达国家如美国和日本的 78. 4%和 71. 9%，也低于发展中国家如印度的 54. 7%），导致非农就业偏差远大于世界水平。城市工业和现代服务业的聚集发展，能够吸纳大量农村剩余劳动力转移就业，农业产业化也能极大地推动农民就地就业。但城乡统筹发展并不等于在城市发展现代化工业和服务业、在农村加快农业产业化，而是要增强城乡产业的关联性，进而实现城乡经济、社会、文化的一体化发展。

3.1.5 城乡居民社会文化差异大的问题

根据国家统计局公布的第六次全国人口普查结果显示，2010 年我国文盲率为 4. 08%，比 2000 年第五次全国人口普查时的 6. 72%下降了 2. 64 个百分点，但由于我国人口基数大，文盲人口的绝对数量还有 5000 多万人，而且主要集中在贫困地区、边远山区和少数民族地区。1978 年以来，九年制义务教育在农村逐渐普及，但由于受教育市场化和产业化的冲击，有限的优质教育资源仍然集中在城市，再加上农民沉重的经济负担，出于缓解家庭财政压力的考虑，很多农村孩子，尤其是贫困地区的孩子辍学率相当高，有些青少年初中还未念完甚至未上学就出去打工，形成了新一代的文盲。经过 30 多年的改革，农民的市场意识得到相当程度的强化，但仍有相当多的农民尤其是落后封闭地区的农民，小农经济意识还相当强烈，仍然采用落后的自给自足的生产经营方式，市场经营的理念和实践都相当薄弱。只有农民突破传统的小农观念，能够吸收现代文化知识，接受市场经营理念，并主动采取现代科学技术，城乡统筹发展才能真正实现。

3.1.6 小结

统筹城乡发展观是在对我国城乡经济社会发展现状进行科学判断的基础上提出来的，没有城乡的统筹发展，就不可能有国民经济的可持续发展和全面小康社会的实现。对城乡统筹发展必须要有正确的认识，一方面，我国经过30多年的改革开放和发展，已经进入工业化中期阶段，国家的综合经济实力得到了大幅度的提升，农村居民的生活水平也有较大的提高，农民的市场化意识也得到了增强，具备了实现城乡统筹发展的基础，是实现城乡统筹发展的最佳时机。另一方面，实现城乡统筹发展是我国今后经济社会发展的目标，要对我国的国情有清醒的认识，不能头脑发热，不顾实际情况采取“一刀切”的方式强制性地取消城乡各种制度的差别。要认识到城乡差别的消灭，光靠政策调节和制度改革不行，必须要以产业的发展和经济实力的提高作为其最终的支撑点。没有产业的发展和经济实力的强大，城乡统筹发展只能是一句空话。这就要求人们从国情出发，综合考虑，充分认识并认真对待面临的主要矛盾和困难，从城乡现状出发，从产业发展的角度寻找城乡统筹发展的突破口和切入点。

3.2 旅游业在城乡统筹发展中的特殊作用

3.2.1 创造就业机会，吸纳农村富余劳动力

2011年我国农业占GDP的比重仅为10.1%，而农村人口却占总人口的48.7%。撇开现阶段城乡沉淀的大量富余劳动力不计，未来相当长的一段时间内，农村每年新增的劳动力供给数量也是非常庞大的。要使城乡统筹发展，如何解决好农村 “人多地少”的局面，充分吸纳农村富余劳动力是关键。实践表明，旅游业是就业的蓄水池。1997年《马尼拉宣言》、2000年《海南宣言》、2001年《大阪宣言》都强调发展旅游业对促进就业的突出贡献，提出“旅游业是21世纪创造就业与保护环境的引导产业”。世界旅游理事会（Word Travel &Tourism Council，WTTC）的报告指出，1999年全球旅游就业人数达1.92亿人，占全球就业人数的8%。国际劳工组织于2010年11月在日内瓦召开的大会上发表报告称，世界旅游业为超过2.35亿人提供了工作机会，相当于2010年全球新增就业总人数的8%。据世界旅游组织预计，到2019年旅游业将为全球经济提供近3亿个直接就业岗位。中国旅游研究院提供的数据显示，我国拥有2万余家旅行社、2万余家规模以上旅游景区、30万家旅游住宿机构，还有超过150万家的乡村旅游接待设施、2000多所旅游院校，共同组成了较为完整的旅游产业体系。2010年我国旅游直接就业1100万人，全部旅游就业达7600余万人，约占全国就业总数的9.6%，旅游业在就业、扶贫、环境保护等方面显示了巨大的活力和潜力。与其他产业相比，旅游业在创造就业机会和吸纳农村富余劳动力方面优势明显。

1. 关联带动性强，就业乘数高

旅游产业涉及行业众多，就业容量大，关联带动性强。根据亚太经合组织(APEC)旅游工作组和世界旅游理事会(WTTC)在1998年出版的《APEC区域旅游业发展的经济影响》中对旅游业就业的界定，旅游业所吸纳的就业人口包括旅游直接就业、旅游间接就业、旅游业供给者的直接就业和旅游业供给者的间接就业四类，通常把第一类称为行业就业，后三类称为经济就业。国家发改委和国家旅游局2008年8月发布的《中国旅游业就业目标体系与战略措施研究》对旅游就业的概念进行了界定，认为旅游业的就业范围分为三个层次：一是旅游核心产业就业，即旅游直接就业，主要包括我国旅游统计中公布旅游住宿、旅行社、景区、旅游车船公司等其他旅游企事业单位的就业人员；二是旅游特征产业就业，即旅游间接就业人数，包括直接为游客服务，与旅游密切相关的餐饮、娱乐、铁路、航空、公路、水运、公共设施服务等13个部门中的旅游就业人数；三是旅游经济就业，即从业人员总数，这个概念最宽泛，是通过旅游经济活动拉动的就业人员总数。这充分说明旅游业不仅直接就业量可观，其间接和诱导就业量更大，而且其经济就业增长速度将逐年上升。另外，根据S. Smith的系统理论模型，在发达国家旅游业每增加3万美元的收入，将增加1个直接就业机会和2.5个间接就业机会；而据世界旅游组织(WTO/OMT)专家的测算，旅游资源丰富的发展中国家，每增加3万美元的旅游收入，将为社会增加2个直接就业机会和5个间接就业机会。有数字显示，国际上旅游直接就业与间接就业的比例为1∶5，发达国家旅游就业人数占全社会就业总量的20%以上，发展中国家约占10%。与发达国家相比，显然我国在通过旅游促进就业方面还大有潜力可挖。2008年8月，国家发展和改革委员会、旅游局、人力资源和社会保障部、商务部、财政部、人民银行等六部门联合发布了《关于大力发展旅游业促进就业的指导意见》(以下简称《意见》)。《意见》明确指出，旅游业是国民经济的重要产业，是扩大就业的重要渠道。要大力发展旅游业，到2015年，形成就业与产业协调发展的机制，旅游就业规模增加到1亿人左右。

2. 与其他行业相比，旅游创造就业机会的成本低

作为劳动密集型综合产业，旅游业的资金构成比较低，相同的资金投入，旅游业能创造更多的就业机会。据一些发达国家的统计，与其他经济部门相比，旅游业安排就业的平均成本平均低为36.3%。从国内来看，以北京市为例，北京市只需投入3300元固定资产便可安排1人在接待国内游客的住宿设施方面就业，而轻工业需要5100多元，重工业则需要9700多元①。同时，与旅游业联系比较密切的许多行业属于资金构成低的劳动密集型行业，不仅就业乘数高，而且有些就业岗位不需要国家投资，完全可以由集体和个人主办，这就为广开就业渠道创造了条件。因此，与传统产业，尤其是制造业相比，旅游业就业成本相对较低。

3. 就业方式灵活多样，对农村劳动力吸纳力强

我国农村富余劳动力很多，并且知识层次较低，掌握的技术较少，这决定了他们短期

① 邵琪伟.在全国发展旅游促进就业工作会议上的讲话[EB/OL]. http://www.cnta.gov.cn/html/2008-6/2008-6-2-18- 20-17-716_1.html,2007-09-13

之内不可能进入技术要求较高的行业。而旅游业就业门槛低，工作岗位层次多，就业形式灵活，旅行社、宾馆饭店、旅游景区、乡村旅馆、旅游工艺品、纪念品、农副土特产品的生产和销售等均可成为农民就业的岗位，自主创业、个体服务、兼职、临时工等都可以成为旅游就业方式。因此，在旅游业发展当中，通过就业前的短期培训，或者就业过程中不同形式的岗前、岗中和岗后等培训，可以实现农村劳动力的异地转移及就地就业。这一点表现最为突出的是很多地区乡村旅游的发展，例如近年来，北京市结合社会主义新农村建设，大力发展乡村旅游，涌现了一大批以民俗旅游点为代表的乡村旅游产品，深受游客喜爱。大批农村富余劳动力离土不离乡，实现了就地转移就业。

3.2.2　带动相关产业发展，调整和优化城乡产业结构

1. 直接增大城乡第三产业比重

我国旅游业在改革开放后的 30 多年里获得了飞速发展，旅游业总收入逐年增加，如表 3-2 所示。

表 3-2　2002～2011 年旅游业总收入、增长率及占 GDP 比重

年份	国内生产总值（现价亿元）	同比增长（%）	第三产业增加值（亿元）	同比增长（%）	旅游业总收入（亿元）	同比增长（%）	旅游业占 GDP 比重（%）	旅游业占第三产业比重(%)
2011	471564	9.2	205205	9.4	22500	20.1	4.77	10.96
2010	397983	10.3	171005	9.5	14832	11.5	3.73	8.67
2009	335353	8.7	142918	8.9	12900	11.3	3.85	9.03
2008	300670	9.0	120487	9.5	11600	5.8	3.86	9.63
2007	257306	13.0	96328	11.4	10957	22.6	4.26	11.37
2006	210871	11.1	82703	10.3	8935	16.3	4.24	10.8
2005	183868	10.4	73395	9.6	7686	12.4	4.18	10.47
2004	136515	9.5	43384	8.3	4711	36.9	3.45	10.85
2003	116694	9.1	37669	6.7	3442	-11.2	2.95	9.13
2002	102398	8	34533	7.3	5566	11.43	5.43	16.11

资料来源：根据历年《中华人民共和国国民经济和社会发展统计公报》整理。

由表 3-2 可知，2002～2011 年的十年中，除受国际国内宏观经济总体形势影响较大的个别年份外（2003 年 SARS，2008 年国际金融危机和汶川地震），我国旅游业的增长速度均快于 GDP 增速和第三产业增加值增速。2011 年，我国旅游业占 GDP 比重达到 4.77%，占第三产业增加值的 10.96%，旅游业已经成为我国第三产业的龙头。在城市和农村凭借资源优势，采取各种形式发展旅游业是直接增加城乡第三产业比重的可行性选择。如陕西省渭南市近年来大力促进旅游与农业、林业和城市园林等产业的融合，鼓励发展农家休闲

度假，并出台了一系列奖励政策。截至2012年底，全市乡村旅游人数为580.45万人次，旅游收入达到34亿元，不仅直接增加了农民收入，而且充分发挥旅游产业的关联带动作用，把乡村旅游业培植成为农村经济发展的支柱产业，从而优化了农村产业结构，促进了农村生产力发展。

2. 带动相关产业和支援产业的发展，间接促进城乡产业结构的调整和优化

旅游业在产业链条上属于前向关联度和侧向关联度均比较大的产业，产业关联度高、带动力强，其经济乘数效应远高于其他行业。2011年，与旅游相关的行业超过110个，旅游业发展带动了社会投资，促进了相关产业发展。一方面，发展旅游业需要上游产业提供强有力的支持，如交通业、商业、娱乐业等，同时发展旅游业还能带动横向关联产业的发展，如房地产业、通信业、建筑业，而这些产业在我国的中小城镇和广大农村地区都是相对滞后的。因此，发展旅游业可带动城镇和农村地区关联产业的形成和发展，从而进一步改善城乡产业结构。

3. 发展旅游业也是实现我国农业现代化和提高工业素质的重要手段

在一些有资源、资金和市场优势的农村通过发展果园采摘旅游、现代观光农业旅游、观光购物农园、休闲农场、乡村俱乐部等形式的乡村旅游，可以有效提高我国农业的技术含量和经济效益，并形成以旅游为纽带的特色农业区。在一些工业基础比较好，城镇建设、经济发展迅速或者有特色的城镇开展工业旅游、度假旅游、商务旅游等，能促进本地区的经济发展，推动新型工业文明建设。

调整和优化城乡产业结构是一项系统和长期的过程，不可能通过发展旅游业一蹴而就，而是要借助旅游业在调整和优化产业结构过程中的独特优势，发挥其关联带动作用，促进第三产业、相关产业和支援产业的发展以及城乡一、二次产业素质的提高，进而打破城乡二元结构，实现城乡产业结构的调整和优化。

3.2.3 带动农村相关基础设施建设，调整国民经济分配格局

基础设施建设是国家经济持续、快速和健康发展的保障，也是政府重要职能之一。基础设施建设投资大、风险高、收益小、投资回收期长，私人和企业一般无力也不愿意承担。由于资金缺口大，长期以来，我国在水、电、路、通信、学校、医院、图书馆等公共物品的供给和基础设施建设上，实施的是重城市、轻农村的政策，使得农村公共物品供给和基础设施建设远不能满足需求。如何在国家财政直接支持有限的情况下加强农村基础设施建设，是城乡统筹中面临的重大难题。

旅游业综合性强，对目的地的基础设施条件要求较高，一个地区通过发展旅游业，可以带动国家、地方政府、相关部门、民间组织和个人对当地基础设施的投资。在城乡统筹中发展旅游业，从理论上讲，发展旅游业必须修建车站、道路，以解决行的问题；必须开辟旅游景点，建造博物馆、展览馆、主题公园等，以解决游的问题；必须兴建酒店、餐馆、商店、娱乐场所等，以解决吃、住、购、娱的问题；同时，与之相适应的水、电、邮政、通信等市政工程就应该及时跟上去。从市场的角度讲，要以市场需求为中心，以企业、社

区和居民为开发主体，充分利用社会闲散资金，开发各种形式的旅游产品。从政府的角度讲，要求当地政府提高拟发展地区的可进入性，如道路的修建，加强旅游基础设施的建设，如旅游地水利、电力、通信系统等，这本身也是对当前国民经济分配格局的一种调整。如福建省三明市泰宁县，自1993年提出发展旅游产业以来，历任县委县政府加强旅游基础设施和配套设施建设：对旅游公路进行改造，开辟泰宁至南昌、上海、温州、深圳等地的长途客运专线，京福高速、福银高速泰宁线通车，极大地改善了泰宁地区的可进入性；建星级宾馆、旅行社，购置豪华大巴，新建的宾馆饭店一律实行三、四星级市场准入；在县城中心兴建集商业购物、高档娱乐休闲和旅游服务为一体的灵秀商城；开辟泰宁风味小吃一条街等。基础设施的完善不仅提高了当地居民的生活水平，推动了城市化进程，而且也为旅游业的发展提供了必要条件。在短时期内，泰宁县旅游业从无到有，从取得"国家4A级旅游区"至创建"中国优秀旅游县"，再到形成"世界地质公园"，实现了三次大跨越。"泰宁模式"成为经济欠发达而旅游资源丰富地区旅游业发展的成功模式。

3.2.4　促进区域经济发展，缩小城乡差别和区域差异

中国幅员辽阔，各地自然条件、经济条件、社会条件以及科学技术发展水平有较大的差别，地区间经济总量差异大，全国可明显分为东、中、西三大经济带，各地区农民收入差异明显。充分利用中西部地区丰富的旅游资源发展旅游业，通过旅游者由高收入地区向低收入地区的流动，虽然并不直接增加国家财富总量，但可以形成财富在地区间的流动和重新分配，起到调节地区购买力的作用，从而促进落后地区经济发展，缩小区域差异。另外，通过发展乡村旅游，可以将一定量的城市人口吸引到农村消费，从而直接增加农民收入，缩小城乡收入差距。

3.2.5　加强城乡交流、反馈与融合，促进城乡社会文化进步

城乡统筹，不仅要不断缩小城乡经济差距，而且要加强城乡社会、文化等方面的交流，加强城乡经济与社会发展中的物质文明、政治文明和精神文明建设。旅游业是一个社会文化型产业，城乡统筹中多种模式的旅游业的发展，除了其突显的经济意义外，社会文化方面的意义也非常重要。通过发展旅游业，可以广泛吸纳大量城乡富余劳动力，加强城乡之间各种生产要素的有效流动，为城乡社会文化的交融广开渠道；通过旅游活动中与城市居民的接触，旅游目的地农村居民潜移默化地开始接受新的生产、生活方式，而这又将开阔其视野，逐渐增强他们的商品经济意识，引起他们思维、行为方式上的改变，从而不断缩小城乡在社会文化、精神生活、思维意识以及价值观念、竞争观念等方面的差距，促进城乡社会文化共同进步。

3.3　城乡统筹中旅游发展的动力机制

在城乡统筹中发展旅游业的动力主要来自推动力、拉动力、支撑力三个方面，如图3-4

所示。

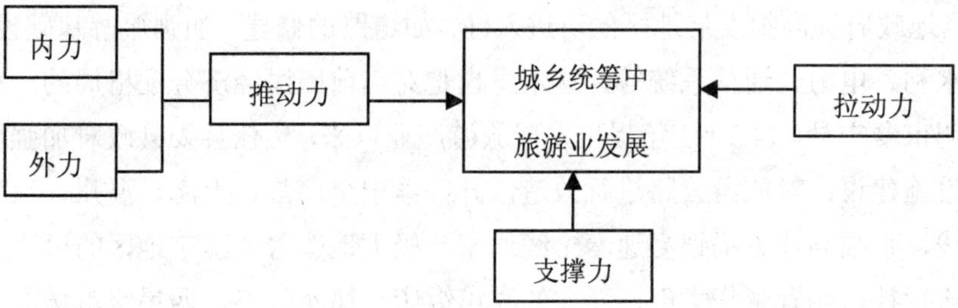

图 3-4 城乡统筹中旅游业发展动力机制图

3.3.1 推动力

城乡统筹中旅游业发展的推动力主要来自内力和外力两个方面。内力即城乡统筹所需解决的问题带来的内在压力，具体可以归结为以下四个方面：

第一，城乡二元结构所带来的压力。长期以来国家在经济发展中采取的"重城轻乡"的政策和资源配置上的非均衡造成了城乡分割的二元结构，使得我国农业发展滞后，农村产业结构失调，制约着现阶段经济的持续、健康、快速增长。

第二，城乡差别加大的压力。如前所述，我国城乡收入超过 3∶1，甚至更高。改革开放以来，我国的收入差距，总的来说呈现一种上升趋势。据世界银行的统计数字，我国的基尼系数在改革开放前为 0.16，而国家统计局公布的 2003～2012 十年中我国的基尼系数均在 0.47 以上，已经超过了联合国划定的 0.45 的贫富差距国际警戒线。

第三，城乡尤其是农村大量富余劳动力所带来的就业压力。根据《中国统计年鉴 2012》公布的数据显示，1978～2011 年期间，我国人口出生率整体呈先稳定上涨而后下降的趋势（其中 1978～1990 期间为人口出生高峰，年均出生率在 20‰左右，从 1991 年起，人口出生率逐年下降，2011 年为 11.93‰），而人口死亡率基本维持在稳定的水平，平均在 6.5‰左右，因此 1978～2011 期间我国人口自然增长率同出生率呈现同方向变化。以 1996 年为基期（我国一般规定男子 16～60 岁期间、女子 16～55 岁期间的人口为劳动适龄人口），按照 8‰的人口自然增长率和 13 亿人口基数计算，我国每年至少新增劳动适龄人口 1000 多万人。在按照城乡各 50%人口计算，城市和农村每年至少各新增劳动适龄人口 500 万人。我国改革开放以来实现了快速的经济增长和社会发展，加上严格的计划生育政策和积极的就业政策，我国城乡劳动力就业问题得到了较好解决。据统计，在国家的积极就业政策推动下，2003～2011 年，全国城镇新增就业人数累计达 9800 万（2007～2011 年连续五年超过 1000 万，2011 年更是达到了 1221 万），4000 多万高校毕业生实现稳定就业；3000 万国有企业下岗职工得到妥善安置，2800 多万下岗失业人员顺利实现再就业。但农村剩余劳动力仍在 5000 万人以上，加上每年新增的、往年失业的、金融危机引发的我国制造业破产减员和转型升级导致大批农民工返乡，人数可能要在 1 亿人以上。考虑到我国的城市化进程，按每年 1%的速度推进，每年至少要转移农村人口 600 万，加上城市新增劳动力，再加上转轨就业和大学生就业，使我国面临巨大的就业压力。

第四，农村城镇化的压力。农村城镇化是指各种资源和要素在农村城镇中不断集聚，人口不断增多，城镇数量、规模不断增大，质量不断提高的过程。它是以工业为主体的非农产业发展的必然结果，是农村社会演进并通往现代化的一个重要过程，是统筹城乡发展、全面建设小康社会的重要内容。中国科学院可持续发展战略研究组完成的《2012 中国新型城市化报告》显示，2011 年中国城市化率首次突破 50%，这意味着城镇人口已超过农村人口，中国城市化进入快速发展阶段，这必将引起深刻的社会变革。而按照联合国的统计和预测数据，截止到 2011 年全球总人口为 69. 74 亿，生活在城市的人口为 36. 32 亿，城市化率过半，达到了 52. 1%。2050 年全球总人口将增长到 93. 06 亿，城市人口增长到 62. 52 亿，城市化率将达到 67. 2%。而世界上主要发达国家的城市化水平均在 70%～80%之间。《2012 中国新型城市化报告》还指出当前中国城市化发展存在的五大战略性弊端：一是在世界格局中，中国的城市化明显滞后于工业化；二是城市化进程中，土地城市化明显地快于人口城市化；三是城市和农村、户籍人口与常住人口的差别待遇仍然存在；四是偏重城市发展的数量和规模，忽视资源和环境的节约与保护，呈现出粗放式发展的特征；五是环境污染、交通拥堵、居民压力大等大城市病开始出现。要解决《报告》中揭示的五大弊端，不仅仅是要加快城市化的进程，更要从城市的空间结构、产业定位、城市规划、城市能级和城市管理等方面处理好城市化带来的各种问题。旅游业属于社会文化复合型产业，能源消耗率低，就业吸纳力强，关联带动性大，能融合一、二、三次产业。因此，发展旅游业不仅能推动各种产业要素在农村的集聚，加快城镇化进程，更能实现农村城镇化过程中政治、经济、社会、文化等的协调发展，提高城市化发展质量。

外力是指政府对城乡统筹中旅游业发展的推动力。统筹城乡经济社会协调发展是科学发展观的主要内容，要求各级政府都要自觉运用这一思想来指导各项工作。在城乡统筹发展的初期阶段，政府会主动考虑旅游业的比较优势，在政策、资金、监督管理等方面支持和推动旅游业发展。

3.3.2　拉动力

城乡统筹中旅游业发展的拉动力主要来自旺盛的市场需求。在市场经济条件下，市场决定资源配置的方向，必须有足够的市场需求容量，旅游业才能得以发展，才能发挥其在城乡统筹中的特殊作用。近年来，随着经济的发展和国家假日制度的调整，居民的可自由支配收入和可自由支配时间不断增加，旅游近年来已经成为百姓的一种生活方式。据国际有关组织测算，当人均 GDP 达到 300 美元时，居民将产生国内旅游的动机；达到 1000 美元时，将产生赴邻国旅游的动机；达到 2000 美元时，休闲游将获得快速发展；超过 3000 美元时，将会产生洲际旅游的动机。2011 年中国人均 GDP 约合 5414 美元，即将出台的《国民旅游休闲纲要》将从保障公民休闲时间、完善劳动福利入手，目的是增加可支配休闲时间，这两方面将推动我国旅游消费的转型升级。2002～2011 年十年间，我国的国民人均出游率从不到 1 次发展到超过 2 次，旅游消费真正实现了国民化；2011 年，我国国内旅游人数 26. 4 亿人次，成为全球最大的国内旅游市场，国内旅游总收入 1. 93 万亿元；出境旅游人数7025万人次，出境旅游消费达726亿美元，排名世界第三。

《中国旅游业“十二五”发展规划纲要》指出，到2015年，我国旅游业总收入和外汇收入将分别达到2.5万亿元和580亿美元，年均增长分别为10%和5%；国内旅游人数、入境旅游人数和出境旅游分别达到33亿人次、1.5亿人次和8800万人次，年均增长分别为10%、3%和9%；旅游业新增就业人数达到1650万人。旅游业增加值占全国GDP的比重提高到4.5%，占服务业增加值的比重达到12%，旅游消费相当于居民消费总量的比例达到10%。世界旅游组织预测，到2020年中国将成为世界第一大旅游接待国和第四大客源输出国。这种持续增长的需求趋势形成了城乡统筹中旅游业发展的强大拉动力。

3.3.3 支撑力

首先，支撑力来自我国丰富的旅游资源。全国人民代表大会环境与资源保护委员会出版的《中国资源》一书指出，中国的旅游资源在全球具有明显优势，有巨大吸引力。中国国土广袤，山川锦绣，历史悠久，民族众多，旅游资源丰富。无论是秀美的自然风光、风格迥异的古建筑、民居建筑、别有韵味的人文景观，还是独特的民俗风情、厚重的文化艺术，都对国内外的旅游者有着强烈的吸引力。世界旅游组织最新发布的《世界旅游晴雨表》显示，2011年我国共接待5760万人次的入境过夜旅游者，排名世界第三。这些丰厚的旅游资源，为中国旅游业的发展提供了雄厚的潜力，是城乡统筹中发展旅游业的重要支撑力。

其次，支撑力来自我国旅游供给的持续扩大。国家旅游局监督管理司发布的《关于2011年度全国旅行社统计调查情况的公报》指出，截至2011年底，全国旅行社的总数为23690家，同比增长3.98%；总资产711.17亿元，同比增长6.76%；直接从业人员299755人，同比增长8.11%；从业人员中大专以上学历200305人，同比增长17.23%；营业收入2871.77亿元，同比增长8.41%。国家旅游局发布的《2011年度全国星级饭店统计公报》显示，截至2011年底，全国星级酒店共11676家，其中五星级酒店615家，四星级酒店2148家，三星级酒店5473家。星级饭店统计管理系统中13513家星级饭店，有12221家经营情况数据通过省级旅游行政管理部门审核。在12221家星级饭店中，除停业的545家饭店外，有11676家完成了2011年经营数据的填报。11676家星级饭店中，五星级615家，四星级2148家，三星级5473家，有客房147.49万套，床位数258.63张，固定资产原值4587.13亿元，营业收入总额2314.82亿元，利润总额61.43亿元，实缴税金208.36亿元，从业人员154.13万人。国家旅游局发布的《2011年中国旅游景区发展报告》显示，截至2011年底，全国共有各类旅游景区20976家，其中，A级旅游景区5573家（5A级130家，4A级1814家，3A级1840家，2A级1661家，1A级128家），共接待游客人数25.54亿人次，营业收入达到2658.60亿元，全国旅游总收入中的比重在不断提高。2011年全国旅游景区接待游客规模和综合营业收入增长均超过20%，增速明显高于同期全国星级饭店和旅行社行业，旅游景区的主体地位进一步增强。截至2011年，全国已建成通车的高速公路8.5万公里、铁路9.3万公里，建成使用的民用机场180个，开通1847条国内航线、443条国际航线。主要旅游城市与客源地之间的航线航班、旅游列车普遍增加，高速公路服务区的旅客服务设施进一步完善。

最后，支撑力还来自多样化的旅游产品体系。在传统观光产品进一步丰富的同时，邮轮等休闲度假产品走进百姓生活，会奖旅游、医疗旅游、科技旅游、军事旅游、数字旅游、营地旅游等专项产品亮点纷呈，旅游产品已成多元化发展格局，能满足国内外游客日益多样化和个性化的旅游需求。

3.4　城乡统筹中旅游业发展的主要阶段

统筹城乡发展，不是城乡均衡发展，而是城乡协调发展，即先由城市的发展逐步带动城郊和农村发展。因此基于城乡统筹发展旅游业，也必须分层次、分阶段地有序进行。根据我国城乡现状，结合旅游业发展规律，可以将基于城乡统筹的旅游业发展归结为三个渐进的阶段。

3.4.1　以城市旅游为主，选择性地发展部分城郊和乡村旅游

旅游业是综合性很强的产业，包含“吃、住、行、游、娱、购”六大要素，对拟发展地区的可进入性、旅游基础设施和配套设施的要求较高。现阶段，城市和农村差距较大，城市在经济基础、接待设施、从业人员、投融资环境和市场需求等方面都要比农村更具优势，这就决定了在城乡统筹的初期阶段仍然要以城市旅游为主。

以城市旅游为主，并不意味着完全忽视城郊旅游和乡村旅游。现阶段，在部分具有可行性的地区选择性地开展城郊和乡村旅游，一方面是对城市旅游的有效补充，可以满足城市居民渴望亲近大自然的需求；另一方面，可以促进部分城郊和农村的发展，为以后各阶段工作的开展做好铺垫。但这时期的城郊和乡村只能是有选择地发展，不可能取代城市旅游的主导地位。

3.4.2　稳步发展城市旅游，大力发展城郊旅游，带动发展乡村旅游

随着城市化程度的提高，城市旅游也相应进入成熟期，随着出游次数的增加和旅游经验的丰富，旅游者参与城市旅游的边际效用递减，城市旅游产品的吸引力开始下降，城郊旅游和乡村旅游开始受到旅游者青睐，市场需求增长强劲；并且由于各地纷纷开展城市旅游，必然导致市场竞争激烈，这使得城市旅游对统筹城乡发展的作用逐步降低。另外，由于扩散效应的存在，一些经济发展较好的城市，开始将新的发展中心放在城郊地区，并把大量的资金和部分产业向城郊转移，这使得具有资源禀赋的城市周边地区具备了大规模发展城郊旅游的基础条件。因此，在这一阶段，旅游业发展的重心应逐步向城郊转移。各地应根据自身实际，一方面，收缩或放弃缺乏吸引力和竞争优势的城市旅游产品，将资金用于开发或加强更具吸引力和潜力的城市旅游产品上；另一方面，在继续稳步发展城市旅游的同时，各地应将城郊旅游作为新的发展中心，利用各种形式的融资渠道和政策优势，积极开发能满足旅游者需求的城郊旅游产品。

城郊地区成为新的发展中心，将极大地带动广大乡村地区的经济发展和基础设施建设，提高发展乡村旅游的可行性。一些缺乏城市旅游和城郊旅游产品的地区，可以通过资金、政策扶持大力发展乡村旅游。由于这时期旅游业和城乡统筹工作的重心仍在城市和城市周边地区，多数地方只能在稳步发展城市旅游、大力发展城郊旅游的同时兼顾发展乡村旅游。

3.4.3 城乡互为客源市场，互动发展旅游业

前两个阶段发展到一定程度后，城市和农村，尤其是农村状况会有显著的改善，农民收入和农业现代化程度普遍提高，城乡差距进一步缩小，使得大部分农村地区具备了发展旅游业的基础条件。与此同时，伴随着城市化的进程，城市居民渴望走进清新古朴的田园，贴近浓郁的乡土文化气息，这为乡村旅游提供了稳定而充足的客源。而有了一定的闲暇时间和可自由支配收入的农民更渴望走进城市，这又为城市旅游提供了新的发展契机，从而使城市旅游重新获得了巨大的发展空间。因此在此阶段中，城市和乡村可以互为客源市场，通过提供对彼此各具吸引力的旅游产品，互动发展旅游业，进而为实现城市带动农村、农村支援城市的城乡协调发展的战略目标发挥更大作用。

3.5 城乡统筹中旅游业发展的主要模式

城市带动、乡村旅游和环城游憩是城乡统筹中旅游业发展的三种主要模式。

3.5.1 城市旅游带动模式

区域经济发展理论认为：一个区域经济的发展是不平衡的，经济要素首先在那些条件比较好的聚集点发展起来；"点"发展比较成熟的时候，相互作用加强，促进了点之间交通的发展，经济转而沿交通线发展；当这种"线"状经济发展成熟的时候，区域经济发展格局就成了网络状，经济节点不断增多，级别也不断增加，点之间的连线不断发展，区域经济最后进入"面"状发展阶段。旅游业的发展不仅要有吸引力强的旅游资源，而且对旅游地的其他条件要求也很高。作为人类社会发展的重要载体，城市在区域乃至国家发展中具有举足轻重的地位。由于城市要素报酬率较高、投资风险较低，因此吸引大量劳动力、资本、技术等生产要素从不发达的城郊、乡村流入发达的城市，使城市成为最初的"点"，并逐步成为旅游业发展的中心。相对于农村居民来讲，城市居民人均可支配收入和生活品质要高，而且又有较多的闲暇时间（尤其是带薪休假），所以城市也是旅游者产生的主要客源地。大力发展城市旅游，不仅可以推动城市自身的良性发展，更为重要的是可以促进城乡尤其是农村富余劳动力的转移，加强城乡社会文化的交流、反馈与融合，增加农产品附加值，加快农产品流通，增加农民收入等，从而 为"以城带乡"提供强有力的产业支撑。

城市发展旅游业在基础设施建设、旅游配套设施建设、高素质人才、投融资环境、产业政策、软件服务等方面，都具有城郊和乡村不可比拟的先天优势，再加上城市旅游对"以

城带乡”有巨大推动作用，决定了城市旅游带动模式是现阶段基于城乡统筹发展旅游业的主导模式。

3.5.2　乡村旅游模式

在工业化与城市化兴起的过程中，总会伴随着乡村的衰落，这是一个世界性的问题。在发达国家，乡村的复兴是通过国家补贴来实现的。在我国，虽然国民经济持续快速增长，但由于农村人口多（2011 年占国民总数的 48. 7%）、底子薄、国家财力有限，很难对广大农村进行经济上的全面扶持，只能通过国家财政转移支付的形式，对乡村地区进行有限的帮助。在国家财力支持有限的情况下，乡村依靠自身发展也面临很大的困难。20 世纪 80 年代，中国的乡镇企业曾经为农村的经济发展发挥了较大的作用，但 90 年代以后，乡镇企业普遍步入困境，很难对农村的发展继续发挥以往的作用。国内外实践经验表明，由于广阔的市场前景，良好的经济、社会和生态效益，发展乡村旅游对于农村经济社会发展促进作用明显。因此，依照城乡统筹的思想，调整我国当前乡村旅游发展思路，进一步提升对乡村旅游的认识高度和重视程度，建立系统的动力机制，探索和尝试新的乡村旅游开发经营模式，既是解决“三农”问题、建设社会主义新农村的有效途径，也是促进乡村旅游可持续发展的必然要求。

由于我国广大农村地区经济基础薄弱、基础设施建设滞后、缺乏具有市场意识和经营管理经验的人才，加上乡村旅游季节性、时令性和产品替代性强的特点，决定了在现阶段只能选择在经济基础相对较好、基础设施建设较完备、可进入性好、资源有吸引力、客源有保证的地区开展乡村旅游，并且要充分发挥政府职能，对乡村旅游予以支持。

3.5.3　环城游憩模式

城市郊区，简称城郊，位于城市和广大农村腹地之间，是城市环境向农村环境转换的过渡地带。这种特殊的区位条件一方面使城郊处于城市辐射前沿，便于接受中心城市强有力的经济辐射和产业地域空间扩散；另一方面，城郊也是从乡村进入城市的必经地域，便于接纳广大乡村向中心城市的要素聚集。但由于受传统的城乡分割、产业分割、部门分割的影响，城郊地区的上述优势并没有凸显出来。同时，国内从城乡统筹的角度将城郊作为一个既有别于城市、又有别于农村的相对独立的单元来进行的研究滞后。因此，将城郊与城市、农村联系起来，从城郊经济地域空间构成的特殊性以及经济社会发展的主休性出发，寻找有效的产业切入点，大力推进城乡过渡，是实现城乡统筹发展的关键。通过在大城市周边地区建立环城游憩带，不仅可以满足城市居民回归自然、返璞归真的需求，而且可以促进城郊地区的经济增长、相关产业发展、基础设施建设以及郊区城市化进程等。更重要的是，城郊独特的区位优势使得环城游憩对于推动城乡过渡作用更加凸显。因此，系统地研究旅游对城市郊区这一城乡过渡地带的影响，探索既有一般指导意义又有可操作性的环城游憩开发模式，对城乡统筹发展具有重要的理论意义和现实意义。

由于现阶段环城游憩的主要客源是利用节假日、周末等闲暇时间到郊区观光、度假、康体疗养和参加节庆等的周边城市居民，市场容量小，季节性强，停留时间短，人均花费低，这决定了其不能作为城乡统筹中旅游业发展的主导模式，只能是在土地租金和出行成本双重力量的作用下，形成于经济发达的大城市郊区。

第二篇　城市旅游：充分发挥城市带动作用

统筹城乡经济社会发展，重点是以城带乡，即通过发挥城市在社会、经济、文化等诸多方面的优势，建立起以工促农、以城带乡的长效机制，逐步辐射和带动广大农村，以实现城市和农村的互动发展和促进城乡的协调发展。

本篇从城市旅游带动模式的内涵出发，首先分析了城市旅游与城乡统筹的关系，阐述了城市旅游带动模式的出发点与基本目标，重点论述了其在“以城带乡”中的突出作用。然后系统论证、分析了城乡统筹发展中构建城市旅游带动模式的前提条件和成分条件，并提出了城市旅游带动模式的两种基本发展类型：中心城市外引型和小城镇内聚型。最后，本篇对城市旅游带动模式实施中的问题与对策进行了探讨。

第四章　城乡统筹背景下城市旅游研究评述

4.1　国内城市旅游发展简述

对城市旅游发展历程的研究，将更有利于我们了解中国城市旅游的发展，明确城市旅游在我国城乡旅游业统筹发展中的地位和作用。因此，本部分从国内城市旅游发展过程与现状入手，对国内城市旅游的发展进行展望。

4.1.1　国内城市旅游发展现状

城市作为国家经济、政治、文化、科技、教育和信息活动中心，与广大农村相比，综合性特征明显，基础和配套设施完善，人才、资金等要素集聚，综合环境优化，服务功能多样化，因此，不仅是区域的经济、政治和文化中心，也往往是旅游活动的中心。与西方发达国家相比，中国城市旅游起步较晚。中国旅游业发端于城市，伴随着经济的快速发展而发展。1978 年开始正式发展的入境旅游和国内旅游，都以城市为主要的启动点。20 世纪 80 年代后，中国经济经历了快速的发展和变革，在这一过程中，城市在新旧文化、建筑风格、饮食等方面出现了差异，直接增加了各城市的旅游吸引力。一方面，以入境旅游为例，表 4-1 显示了 2010 年以前我国年接待入境旅游者人数超过 10 万人次的城市数量，以及这些城市入境旅游者接待量占全国各地区入境旅游者总量的比重情况。

表 4-1 中国年接待入境旅游者超过 10 万人次的城市及游客数量

年份	城市数量	入境旅游者接待量占全国各地区入境旅游者的比重
1985 以前	10	85%以上
1990	18	72.0%
1995	29	75.5%
2000	36	76.13%
2005	44	72.28%
2010	53	66.96%

注：根据历年《中国旅游统计年鉴》整理。

据保守估计，在我国每年 30 亿人次的旅游市场规模中，以城镇为目的地的占到 70% 以上，且城镇居民旅游消费占到全国的 77%（《相互包容、彼此宽容与理性从容》——在 2013 中国城市旅游研讨会上的主题演讲）。由此可见，城市是中国旅游业发展的主体，它既是海内外旅游者的集散地和消费中心，也是国内旅游的主要客源地。纵观中国城市旅游的发展历程，不难发现其发展具有明显的阶段性（见表 4-2）。

表 4-2 我国城市旅游发展阶段

时间	阶段	特征
1978 年以前	旅游事业发展阶段	以外事接待为主要目的
1979～1993	入境旅游主导阶段	以创汇为目的
1993～2008	三大市场同步发展阶段	以扩大内需、拉动国内消费为目的
2008 年以后	后工业化阶段	旅游已经成为城市的重要功能

按照美国学者丹尼尔·贝尔的观点，后工业社会是服务的社会。在后工业化时代，城市的发展不再以零售服务供给、制造业为主导，而是促进城市服务业的系统性发展。而旅游业作为第三产业的龙头产业，将成为我国城市经济发展的重要途径。

总体来看，我国城市旅游发展形势非常好。如表 4-2，以国内主要旅游城市接待入境旅游者为例，近 20 年来，年接待量超过 10 万人次的城市数量不断攀升，由 1990 年的 18 个增加到 2010 年的 53 个，而且在游客总量持续增长的情况下，重点旅游城市接待量在全国所占比例基本呈现逐年下降的趋势，这说明，我国城市旅游的发展格局正在逐步走向多元化，入境旅游者到访的城市范围越来越广。而且，从 1995 年起，国家旅游局开展的创建"中国优秀旅游城市"活动极大地推动了城市旅游的持续发展。在 2010 年 5 月国家旅游局公布的《中国优秀旅游城市名录》显示，全国先后有 339 个城市被评为中国优秀旅游城市，占城市总数[①]的 51%。实践表明，城市旅游不仅奠定了中国旅游业的发展基础，也成为中国经济社会发展的增长点。当前，城市旅游不仅是旅游服务和集散的中心，是重要的旅游客源地和游客到访的主要目的地，而且在我国国民经济体系中占据着越来越重要的位置，是国家经济转型的重要产业依托，是带动广大城郊和农村旅游业发展的重要基地。

4.1.2　城乡统筹背景下国内城市旅游发展趋势

在当前城乡统筹发展过程中，国家经济还处于整体转型期，国务院从战略高度提出了“转方式、调结构、扩内需”的发展目标，成为今后相当一段时期内国家经济发展的宗旨和主要任务。作为一项系统工程，“转方式、调结构、扩内需”既要转变经济增长方式和优化调整产业结构，又涉及保护环境、可持续发展、繁荣文化等各个方面，实现城乡发展的全面性、协调性和可持续性是其最终目标。在这一过程中，作为区域的经济、政治、文化中心，城市是实现城乡统筹发展中正能量的主要输出地，不仅在国家整体经济转型中首当其冲，而且对构建新型城乡关系的作用巨大。因此，在这一背景下，城市旅游的发展将呈现出如下趋势。

1. 城市旅游的综合性特征将不断增强

首先，从城乡统筹中城市的定位和作用来看，城市旅游的综合性将不断增强。“以城带乡”是对城市在城乡统筹中作用的最精炼总结与阐释。因此，如何在各项资源、技术、信息、资金等方面积聚的基础上，大力发挥城市的扩散作用，带动广大农村地区的发展，是城乡经济社会统筹发展的关键。由此，如何通过城市旅游的发展，既满足和促进城市本身的发展要求，又带动广大农村地区的发展，是城乡旅游业统筹发展中城市旅游要解决的关键问题。如前所述，旅游业之所以被称为城乡统筹工作的有利切入点的原因之一是其综合性特征及由此特征所带来的强关联带动性。那么，要想更好地发挥城市旅游的带动作用，就需要大力推进城市旅游和城市其他产业的融合，既使城市中的各种资源在与城市旅游的融合过程中实现价值的多元化与使用最大化，又使各资源与各产业为城市旅游提供更好的支撑和保障，促进城市旅游的转型升级，并真正发挥城市旅游的综合功能，既促进城市本身的发展，又带动农村地区的发展。

其次，从旅游吸引力角度看，城市旅游的综合性特征会不断增强。城市旅游的发展是由一切能对旅游者产生吸引力并具有旅游开发价值的城市旅游吸引物所拉动，包括旅游资源、城市文化、节庆活动等多个方面。在城市旅游发展之初，城市旅游吸引物可能是单一的、分散的，但随着城市化水平的提高和城市旅游活动的不断开展，经济、文化、环境、基础设施、建设、管理等综合性水平高的城市，吸引力逐渐增强。现实表明，随着经济社会的发展和竞争的加剧，早期单一吸引物、单一要素的点式竞争已不适应城市旅游的发展趋势，应逐步向城市综合性的系统竞争转变。当今的旅游者，不仅要求城市拥有各种诱人“之最”，更要求城市的综合实力为其旅游活动提供支撑和保障。因此，城市旅游的综合性

① 2009 年 11 月 16 日，中国市长协会副会长陶斯亮在首届世界华人经济论坛上指出，中国城市总数已经达到 660 个。

特征将不断增强。

最后，从现今对旅游业的功能与定位来看，城市旅游的综合性特征会不断增强。《国务院关于加快发展旅游业的意见》（国发[2009]41 号）将旅游业确定为战略性支柱产业和让人民群众更加满意的现代服务业，因此，除了推动城乡客源流动、创造经济价值外，发展城市旅游对当地居民的民生、文化、环境等的带动效应也很显著。功能的转变会使城市旅游的目标受众从以外地游客为主，逐步转向外地游客和本地居民并重。由于本地居民对城市各项资源的熟悉度高，他们更关注旅游服务和产品的质量，而品质的高低由城市旅游的综合实力所决定。因此，这也突出了城市旅游的综合性。

2. 城市旅游的辐射带动性将进一步放大

首先，统筹城乡旅游业发展，要求进一步发挥城市旅游的扩散效应，以带动城郊、农村地区的发展。城乡统筹，不仅要缩小城乡之间的经济差距，还要加强城乡社会、文化等方面的交流。一方面，旅游业是一个经济、社会、文化复合型产业；另一方面，城市是交通的枢纽，是区域内经济、社会、文化中心，因此旅游业和城市相叠加的城市旅游的复合性特征更加明显。这种复合性加上城市旅游日益增强的综合性特征，赋予了城市旅游强大的辐射功能和在统筹城乡发展中的特殊使命，使其成为促进城乡统筹，带动农村地区经济、社会发展的重要产业选择。因此，城市旅游的发展除了对城市本身的意义外，还在于其对广大农村地区的带动作用，从这一角度出发，城市旅游的辐射和扩散效应将更受重视，并不断被强化，通过扩散加强城乡之间生产要素流动、社会文化的交融等，促进城乡经济、社会的一体化发展。

其次，旅游业的产业属性决定了城市旅游的辐射作用将不断提高。旅游业综合性强，产业关联度高，其发展可以有效带动上游产业和横向关联产业等的发展。城市作为某一区域的中心，在区域发展中具有核心地位，吸引力的大小对城市整体及周边区域的发展具有很大的辐射带动作用。因此，城市旅游的发展所产生的扩散效应和联动作用不仅仅局限于“城市”这一地域和“旅游业”这一产业，而是对地区经济社会发展的一种巨大的“整体”效应。从这一角度出发，人们会更加注重发挥城市旅游的辐射带动性，以优化区域内产业结构，带动城镇和农村地区关联产业的形成和发展，促进区域经济的转型升级。

3. 城市旅游在构建新型城乡关系中的作用将更加突出

统筹城乡发展，构建新型城乡关系，“三农”问题必须得到解决。城市旅游可以为解决农业、农民、农村问题提供路径和平台。首先，城市旅游的发展，一方面，可以带来城乡间各项产业要素的流动，使农民掌握先进的技术和最新的信息，更加容易获取发展的资金；另一方面，增加了对农产品的需求，这有利于改善和优化农村产业结构，提高农产品的生产和加工程度。其次，城市旅游的发展，不仅可以吸纳大量农村富余劳动力，实现城乡间劳动力的转移，提高农民的直接收入，而且城市旅游的发展有利于城镇化的推进，实现农民的“市民化”。最后，城市旅游强大的辐射带动性，可以有效带动农村地区经济的发展、社会的进步和文化的交流。上述表明，城市旅游在构建新型城乡关系的作用方面将更加突出。

4. 城市旅游的空间结构将更趋向于区域一体化

任何经济活动的发展都是渐进的，旅游业自然也体现出这种渐进性特征。随着旅游需求在数量、结构、品质等方面的变化，城市仅凭一己之力难以做大甚至保住自身的市场份额，旅游接待地最终将趋向区域联合发展。在这种背景下，各地纷纷通过构建无障碍旅游区、联合开展旅游营销、建设旅游标准化体系等推动区域旅游联动发展，如长三角、珠三角地区城市旅游的发展。只有这样，才能实现区域资源、市场、信息优势互补，实现区域旅游产品的统一规划开发，推动城市间旅游营销、景区管理等的整体运作，从而实现区域旅游竞争力和单体城市吸引力的共同增强。

5. 城市旅游目标将更趋向于品质的追求

无论追溯旅游的起源，还是考证旅游业的发展历程，都印证了旅游本质上是一种文化活动，是人类追求生活品质的体现。在产业化发展的洪流中，人们更多地以“旅游的经济性”马首是瞻，而忽略了旅游本身也是一种非常态的品质化生活，提升生活质量才是发展旅游的最终指向。随着国家、城市经济、社会水平的不断提高，追求品质越来越成为旅游业可持续发展的根本。近几年，中国出境旅游连续高速增长就是人们对品质化追求的体现。而且，从国家战略层面看，旅游业在提升人民生活福祉、促进经济社会发展和繁荣文化等方面的作用。在这一背景下，作为城市功能的重要组成部分，城市旅游将越来越趋向于追求品质化发展。

6. 城市旅游的生产模式将更趋向“小众”化

首先，从需求角度出发，随着我国经济社会的不断发展、国民收入水平的不断提和旅游者的日益成熟以及消费观念的转变，旅游者越来越注重个性化的消费。其次，随着城市整体功能和旅游功能的不断完善，城市信息网络和旅游信息中心的不断完善，获得城市旅游信息的手段更为丰富、程序更为简化、成本更为低廉，个性化的城市旅游需求将更容易获得满足。从长期来看，个性化需求的增长必然会带动旅游企业的个性化供给。因此，未来城市旅游的生产模式会更加趋向“小众”化，以适应城市旅游需求的变化。

4.2　国内城市旅游研究综述

4.2.1　研究的兴起

在西方国家，城市旅游研究在 20 世纪 60 年代开始起步。一般认为，Stansfield（1964）的著作《美国旅游研究中的城乡不平衡》被认为是城市旅游研究的开端。20 世纪 70 年代至 80 年代初期，由于世界范围内忽视对基础理论的研究，因此未能形成旅游学研究中普遍认同的概念体系、理论框架和研究范式，导致当时的城市旅游研究成果绝大部分停留在对现象的描述上。至 20 世纪 80 年代末，在 Ashworth（1989，1992a）、Ashworth 和 Tunbridge（1990）等学者的开创性努力下，城市旅游研究真正开展起来。我国城市旅游研究开始于 20 世纪 80 年代末，但以“城市旅游”或“都市旅游”为关键词在中国学术期刊网络出版总库进行检索发现，截至1994年底仅有18篇文献，且主要为介绍性的浅层次研究和新闻或信息报道。1995年以后，国内城市旅游研究才得以兴起并不断跟进，一些学者，如陈传康（1996）对城市旅游开发与规划、李蕾蕾（1995、1998）对城市旅游形象、宋家增（1996）对都市旅游的发展从理论层面进行了探索性研究，从而为后续研究奠定了一定基础。之后，随着我国城市旅游业的发展，城市旅游的研究成果日渐增多，视角和领域不断扩大，研究方法日益多元化并逐步与国际规范接轨。

4.2.2 研究成果的统计与分析

以“城市旅游”或“都市旅游”为关键词在中国学术期刊网络出版总库进行检索，发现截至2011年底，国内共发表有关城市旅游的论文1540篇，其中核心期刊448篇，CSSCI收录303篇，各年度发表论文情况如表4-3所示。

表4-3 国内历年以“城市旅游”或“都市旅游”为关键词的文献

年度	发表论文总数	核心期刊论文数量	CSSCI收录论文数量	年度	发表论文总数	核心期刊论文数量	CSSCI收录论文数量
1994以前	18	7	4	2003	86	22	21
1995	10	1	2	2004	92	28	23
1996	17	5	5	2005	109	28	22
1997	16	5	7	2006	134	40	25
1998	26	7	11	2007	166	50	27
1999	39	15	16	2008	160	49	34
2000	40	7	9	2009	171	41	21
2001	49	13	14	2010	171	60	29
2002	66	24	16	2011	170	46	17
总计	共1540篇，其中核心期刊448篇，CSSCI收录303篇						

注：核心期刊论文数量以及CSSCI收录论文数量均按网络检索结果计数，未考虑部分期刊已被《中文核心期刊目录》（2008、2011版）和《中文社会科学引文索引》（2008～2009、2010～2011）剔除。

由表4-3所示，1995～2006年期间，国内城市旅游的研究成果呈逐年递增的态势，2007年以后研究成果的数量趋于稳定，没有显著的繁荣或衰退，这与城市旅游在我国旅游业整体格局中的稳固地位密切相关。

通过分析检索到的文献的题名和摘要后发现，国内城市旅游的研究领域主要涉及城市旅游规划与发展、形象定位、基础理论、竞争力、结构与布局、区域合作、文化建设、营销体系和产品开发等九个方面，其中前四个领域的研究成果居多，后五个领域的研究相对薄弱。通过对论文作者所属单位和学科背景的分析来看，高校从事旅游研究的学者日渐成为成果发表的主流，其学科背景涵盖地理学、经济学、社会学等多个领域。

由表 4-3 可知，在 1540 篇国内城市旅游的研究文献中，核心期刊发表论文所占比例为 29.1%，而 CSSCI 收录论文所占比例更低，仅为 19.7%，不到总数的 1/5，若再去掉已被《中文核心期刊目录》(2008、2011 版）和《中文社会科学引文索引》(2008～2009、2010～2011）剔除期刊发表的论文，上述比例将会更低。再对历年检索的结果进一步分析发现，虽然论文总数每年呈递增态势，但核心期刊比例和 CSSCI 收录比例却呈逐年下降趋势。这说明，国内城市旅游研究存在低水平重复的现象。

为了更好地分析国内城市旅游研究的整体水平，笔者选取了国内刊发旅游类论文中较具影响力的 10 种学术期刊，以“城市旅游”或“都市旅游”为关键词进行检索，截至 2011 年底，各期刊发表的城市旅游论文篇数如表 4-4 所示。

表 4-4　截至 2011 年底国内 10 种学术刊物刊登的城市旅游研究论文数量

期刊名称	篇数	期刊名称	篇数
旅游学刊	44	旅游科学	34
经济地理	31	人文地理	25
地域研究与开发	19	城市发展研究	7
城市问题	18	社会科学家	9
桂林高等旅游专科学校学报/旅游论坛	48	北京第二外国语学院学报	10

由表 4-4 可知，这 10 种刊物上共发表城市旅游研究论文 236 篇，占总量的 15.3%。通过对 236 篇文献的深入研读后发现，与国外城市旅游研究相比，国内研究存在如下四个方面的不足：

第一，历时性的动态研究缺乏。国内城市旅游的研究基本上集中在某一时间点和时间段内，鲜见从城市的经济演化过程、产业结构变迁等角度入手，运用纵截面数据揭示旅游业在城市发展过程中的演进以及旅游与城市系统的纵向研究。如表 4-4 所示，以《旅游科学》、《旅游学刊》、《旅游论坛》和《北京第二外国语学院学报》四种期刊为例，截至 2011 年底，共刊登 136 篇城市旅游论文，但历时性研究成果仅有 5 篇，分别为郭为等（2008）的《近三十年来中国城市旅游发展的阶段性和变化趋势》、马晓龙（2009）的“基于绩效差异的中国主要城市旅游发展阶段演化”、罗文斌等（2008）的《基于 TOPSIS 法的城市旅游与城市发展协调性评价研究——以杭州市为例》、王辉等（2010）的《大连市城市化演进对环城游憩带的影响研究》、赵磊（2011）的《旅游发展能否减小城乡收入差距?——来自中国的经验证据》，不到总数的 4%。

第二，系统性研究缺失。城市旅游研究需要从城市整体发展角度揭示城市旅游的驱动机制、发展阶段、模式、综合效应等。而国内大多数研究都是从城市的某一子系统或某一子系统的部分要素，或者从旅游业的单一目标，如环境或经济目标出发来展开，鲜见兼顾经济、社会、文化、环境等多元目标的系统性研究。仍以上述四种期刊为例，在其刊登的 136 篇论文章中，除去城市旅游竞争力的研究外，仅罗文斌等（2008）系统分析了城市旅游与城市发展的关系。

第三，研究的“游离性”特征明显。国内学者开展城市旅游研究的路径一般有如下几种：由国外城市旅游的发展与研究切入，或者从国内城市旅游发展中的现实问题出发，或者借鉴相关学科的理论。近年来的研究虽不断深入，但基本都遵循“就旅游论旅游”的传统范式，罕见与当前国家经济整体转型、城市化进程、城市社会经济体系、产业融合与演进等结合的城市旅游研究。在表 4-4 的 236 篇论文中，仅 27 篇是从城市建设与发展、资源配置、文化等的角度展开研究的。

第四，研究方法落后。作为社会科学的分支学科，人文主义方法论将是从事城市旅游研究的首选。但从国外城市旅游的研究进展来看，实证主义方法论在城市旅游研究中更受重视，这导致数学、心理学、地理学等学科的研究方法被大量引入。然而近十年来国内遵循国际研究范式的城市旅游实证研究成果以及采用文本分析、问卷调查、田野调查等研究方法的文献凤毛麟角。虽然最近几年有兴起之势，但由于缺乏对实证研究的深刻理解和系统训练，学者们过于重视模型构建和数据分析，却轻视了研究的理论性和思想性，导致实证研究水平不高。因此，未来城市旅游的研究需要从方法论高度探讨和建立城市旅游研究的基本范式，重视定性研究和定量研究的结合。

4.2.3 基于城乡统筹背景的城市旅游研究简述

与乡村旅游相比，国内将城乡统筹与城市旅游结合起来的研究成果极其稀少。以“城乡统筹”并含“城市旅游”为主题在中国学术期刊网络出版总库进行检索，截至 2012 年底共有 8 篇文章，而以“城乡统筹”并含“城市旅游”为关键词进行检索，仅有 4 篇文章。从检索结果来看，系统地将城乡统筹与城市旅游结合起来的研究成果出现在 2005 年，但在此之前的一些研究成果中也蕴含了城乡统筹的思想。如一些学者对城市旅游的带动效应和就业效应进行了阐释和分析，古诗韵、保继刚（1999）在评述国内外城市旅游研究进展时，便指出城市旅游对经济、社会的影响力极大，关联带动作用明显；魏小安（2001）也指出城市旅游不仅是城市经济的增长极，而且随着产业自身的发展，会形成区域的一个扩散极，带动区域经济发展；陈兆坤（2001）指出城市旅游就业增加效应和关联拉动效应明显，城市旅游的各要素和环节都要依托城市空间来建设和发展，城市旅游发展中要素和设施的空间结构和布局问题将直接影响城市旅游带动作用的发挥；卞显红（2003、2004）对城市旅游的空间规划布局进行了较为系统的研究，认为城市旅游空间规划布局是在综合评价城市旅游发展潜能的基础上，全面考虑资源、区位、市场、社会经济及旅游交通等多种影响因素，提出了单节点、多结点和链状结点的城市旅游空间结构及规划布局模式。此项研究为城乡统筹中城市带动型旅游业的开展提供了有力的理论支持。城市旅游与城市发展密不可分，既相互依赖，又相互促进。徐红罡（2005）研究了城市旅游与城市发展的动态模式，建立了城市旅游与城市发展的一般反馈模型，分别阐述了两者间的促进结构和制约结构，并论述了政府及其制定的有关政策在城市旅游协同效应中发挥的有效作用，为城乡统筹中城市旅游及城市的可持续发展提供了理论上的指导。另外，范业正（2000）等对城市旅游规划和城市规划的关系问题也做了相关探讨。

在为数不多的城乡统筹背景下的城市旅游研究方面，徐福英、马波（2005）是国内最早提出城市旅游是城乡统筹发展中旅游业发展的三种模式之一，并指出城乡统筹中发展旅游业应分层次、分阶段地有序进行，而现阶段我国应“以城市旅游为主，有选择性地发展部分城郊和乡村旅游”。徐福英、刘涛（2007）指出城市旅游带动模式重在解决城乡统筹发展中农村人口向城市的转移就业问题，并提出了相应对策。徐福英（2009）结合我国城乡现状，进一步阐释了城乡统筹中城市旅游的特殊作用，并系统分析了其发展条件、发展类型、发展过程中应注意的问题及对策。粟路军、黄福才(2010)指出，城市旅游与乡村旅游互动发展是推动城乡统筹的有效方式，并对其形成机理和实现路径进行了研究。程遂营（2011）指出在城乡统筹中发展旅游，应从宏观层面协调城市旅游和乡村旅游的发展：对城市而言，应根据居民的旅游和休闲需求，在提供更多的城市公园、绿地和水体的同时，保护城市原有历史文化遗存，保障城市旅游的持续发展；同时加大对乡村旅游的投入和技术支持。赵磊（2011）的实证研究证明，旅游发展与城镇地区经济增长并不存在显著关系，其主要原因在于城市旅游发展效率较低，并指出应通过公共财政支出和增加私人资本发展城市旅游要素市场，从而提高城市旅游发展效率，并协调城乡旅游一体化发展，增强城乡旅游经济互动效能。此外，赵小鲁(2008)提出了城乡统筹背景下重庆市旅游经济发展的基本思路，提出重庆市应当大力打造城市旅游“一小时经济圈”；漆明亮（2008）依据城乡统筹及产业布局的相关理论，对城乡统筹中重庆市现代都市旅游的产业布局也进行了相应的研究

4.3 结论与展望

城市是现代旅游的支撑点和我国旅游发展的战略依托点，因此，对于城市旅游的研究一直是我国旅游学术界关注的焦点之一。根据中国学术期刊网络出版总库的检索结果，国内城市旅游的研究在1995年以后走向繁荣，成果数量逐年增加，研究视角和覆盖领域日渐扩大。但由于起步相对较晚，国内城市旅游的整体研究水平不高，表现在缺乏历时性研究、系统性研究成果缺失、“游离性”研究特征明显以及研究方法相对落后。从研究内容上看，在城乡统筹提出之前，有关城市旅游的研究大多局限于城市旅游本身，较少考虑城市旅游对城郊、乡村等广大腹地的带动作用。在城乡统筹提出之后，关于城乡统筹与城市旅游的研究成果，一方面数量较少，另一方面研究水平也亟待提升。到目前为止，系统地研究城市旅游与城乡统筹的互动关系，城市旅游对环城游憩和乡村旅游的带动作用，城乡统筹背景下城市旅游的发展模式、产品体系、空间布局、转型升级等的成果十分匮乏。

城市化一般分为三个阶段：农村居民向城市的大规模转移为第一阶段，城市居民向郊区的大规模转移为第二阶段，而第三阶段则表现为重新向城市中心的转移。我国仍处于城市化进程的第一个阶段，在这种背景下，城市旅游仍然是今后很长一段时间内我国旅游业发展的主导形式。因此，应该在更大的空间范围内来研究城市旅游的发展问题，这样既有助于城市旅游理论的发展和完善，提升城市旅游的整体竞争力，又有利于发挥城市旅游对

周边郊区和乡村的带动作用和扩散效应。现有成果数量少并不能说明在城乡统筹背景下研究城市旅游的发展没有吸引力，更不能贬低其研究价值，反而从另一侧面表明在大城乡统筹背景下城市旅游发展的相关研究亟待加强。

第五章　城市旅游带动模式

城市旅游带动模式是现阶段城乡统筹中旅游业发展的主导模式，其内涵非常广泛。本章在阐述城市旅游带动模式基本内涵的基础上，对构建此模式的前提条件和充分条件进行分析和论证，并分别以青岛市和即墨温泉镇为例对城市旅游带动模式的两种主要类型进行了研究，探讨了该模式构建中应注意的问题。

5.1　城市旅游带动模式的基本内涵

城市旅游带动模式，简单地说，就是将城市旅游的发展作为实现“以城带乡”的切入点，通过城市旅游的发展充分发挥城市的辐射作用，带动城郊、农村的发展。该模式可用图 5-1 简单表示，其中 A 表示从其他区域及该区内城郊、乡村进入城市的旅游者流，B 表示从城郊、农村向城市转移的劳动力流，C 表示城市作为旅游目的地，其旅游活动空间不断向外围扩展的趋势，D 表示农产品向城市的流动，E 表示城市其他诸如资金、信息、文化等综合效应向城郊、农村的辐射和扩散。

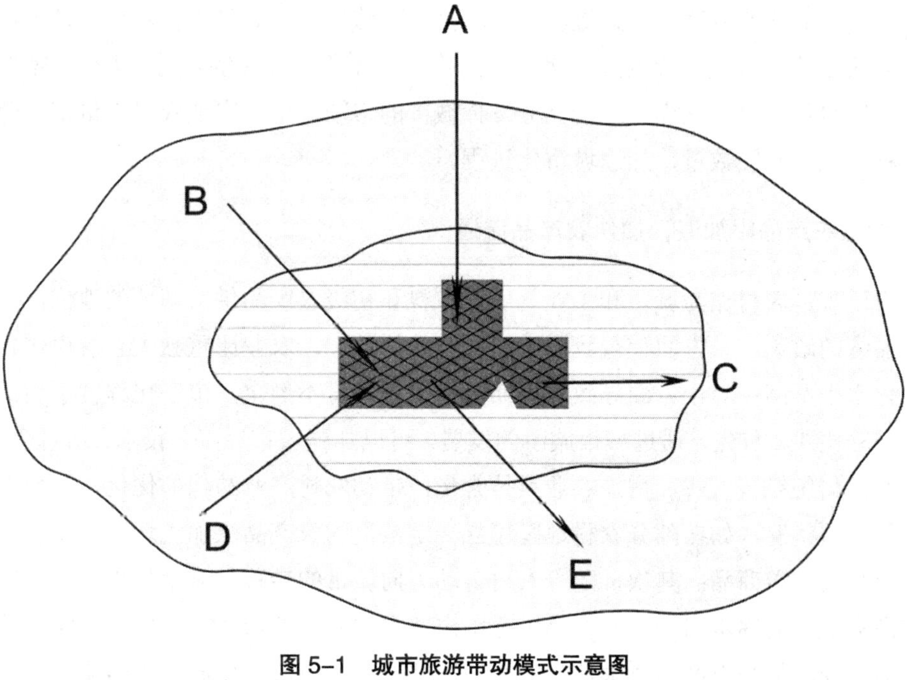

图 5-1　城市旅游带动模式示意图

城市旅游带动模式的出发点和基本目标是为了发挥城市的现有优势，实现以城带乡，其内涵非常广泛。

5.1.1 带动城乡尤其是农村富余劳动力的有效转移

推进城市化，是促进我国经济快速增长、优化经济结构、提高人民生活水平的基本途径，也是解决“三农”问题的根本出路。“三农”问题的核心是农民问题，农民问题的核心是收入增长缓慢的问题，收入问题的核心是就业问题，就业问题的关键在于如何将农村剩余劳动力从纯农业转移到非农业。根据《中华人民共和国2011年国民经济和社会发展统计公报》，2011年我国第一产业GDP占比为10.1%，但第一产业就业人口占比高达34.8%，产业与就业结构表现偏差大。同时，与同等工业化程度的国家相比，我国城镇化水平仍然不高。根据国际经验，城市化水平在30%至70%之间是城市化加速发展的时期，达到70%左右时城市化水平才能基本稳定。因此，未来20年将是我国城市化加速发展的时期，将有大量农村人口向城市转移。根据《2011中国人口和就业统计年鉴》，截至2010年底，我国城乡就业总人口为76105万人，其中城镇就业35687万人，占比45.6%；乡村就业41418万人，占比54.4%，农村就业比重虽比2009年有所下降（2009年为56.1%，事实上自1978年以来，我国农村就业人员所占比例基本呈逐年下降趋势），但仍比城镇就业高出8%以上。这说明，要促进农村剩余劳动力由农村转移到城镇，或者由农业转移到非农业还需要相当长一段时间。

建立城市旅游带动模式，必须统筹考虑城市就业问题和解决农村富余劳动力的转移问题，为大量富余劳动力提供就业机会，取消针对农民工进城就业的各种准入限制；建立城乡劳动者平等的就业制度，保护进城务工农民的合法权益；高度重视农村劳动力培训，将其纳入各级公共财政的支持范围，使农民在城市中有稳定的生存手段；不仅要使农民进得来，还要留得住，只有这样，才能充分发挥城市的带动作用，实现农村大量富余劳动力的异地转移，减少农民数量，加速城市化进程。

5.1.2 增加农产品附加值，加快农产品流通

一直以来，农村作为城市和工业化所需原料和初级农产品供给基地的地位，加上长期的农产品统购政策，一方面使得我国农村产业结构单一，农业比重独大且规模化、科技化和现代化水平不高；另一方面导致农产品流通体系发育不健全，市场化程度不高。建立城市旅游带动模式，首先，通过城市旅游的发展，可以加强城市经济、技术、信息等的辐射，改变农业的传统经营方式，增加农业科技含量，带动农村产业结构的优化，改变农村农产品附加值低的状况，如在部分农村地区建立一定数量的农产品深加工场所，将农产品转化成附加值高的旅游商品；其次，随着农村劳动力向城市的转移和城市化程度的提高，城市对农产品需求量的逐步增加，应在全国范围内建立和完善多形式、多层次的农产品流通渠道和交易市场，加强农产品供求信息的交流和共享，加快农产品向城市的流通。

5.1.3 充分发挥城市的经济辐射作用

我国几十年来城市获得了优先发展的机会，成为区域经济发展中的聚集点，资本、人

才、原材料、科学技术和信息不断向城市聚集，这种极化效应使城市生产率不断提高。城市经济的快速增长和城市的快速发展，反过来又强化了城市作为区域增长极的地位。因此，建立城市旅游带动模式，可以充分利用城市在经济发展方面的优势，发挥城市的经济辐射能力，带动农村地区经济的发展、社会的进步和农民的富裕，并以资金和技术向农村流动，为农村的工业化和城市化创造条件。

5.1.4　促进城乡社会文化的交流、反馈和融合

社会文化的特殊性决定了其在人们生活中的特殊地位和作用，党的十六大报告指出，社会主义现代化应该有繁荣的经济，也应该有繁荣的社会文化。因此，建立城市旅游带动模式，不仅具有重要的经济意义，还具有不容忽视的社会意义。城乡人民由于长期生活在不同的环境中，形成了不同的社会文化，精神生活和价值观念差异较大。虽然农村在文化设施、社会文化活动的形式和内容等各方面较城市有很大差别，但不可否认农村社会文化也有自身的特点，有适应农村生活需要的形式和内容。统筹城乡社会文化发展，并不需要完全抹杀城乡文化的不同特点，而是要充分利用和发挥城市社会文化的优势，通过城市到城郊再到农村的梯次辐射和逆向反馈过程，在保留适合各自特点的社会文化的同时，吸收各自的优秀社会文化，促进城乡社会文化的融合。当然，在城乡社会文化反馈、融合的过程中，城市必须要积极发挥其带动作用，带动农村社会文化设施的改进、文化产业的发展，从而提高农民各方面的素质，使农村社会文化生活和农村经济协调发展。

5.1.5　增加农民直接收入

我国长期以来“重城轻乡、以农补工”的国民分配格局和“效率优先、兼顾公平”的发展思路，在使部分地区和部分人口迅速富裕起来的同时，也使得我国贫富差距迅速拉大，城乡居民收入差距是其中非常重要的一个方面。建立城市旅游带动模式，实现“以城带乡”，通过农村劳动力向城市异地转移就业、就地非农就业或提高农业产品的附加值等，可以增加农民直接收入，缩小城乡居民收入差距。

5.2　城市旅游带动模式的构建

城市旅游带动模式的目的就是要通过发展旅游业实现“以城带乡”，这首先需要城市旅游自身具有持续增长的动力，并在城市旅游不断做大的基础上保证城乡之间要素流动的畅通。

5.2.1　前提条件：城市旅游的持续增长

随着人类社会的进步，城市在旅游发展中的作用日益凸显，城市旅游作为一项产业和地区经济发展的重要组成部分逐渐发展起来，成为我国旅游业的重要基础。经过改革开放以来几十年的发展，城市旅游已初具规模，产品也由简单的观光层次不断地向纵深发展，

涉及休闲、度假、商务、会展以及分时度假等多个方面。从以下几个角度考虑，在未来相当长的时间内，城市旅游具有持续增长的动力。

1. 旅游在城市发展中的地位

旅游业的发展对于城市发展的诸多方面都有着极其重要的作用，具体体现在：旅游业就业吸纳力强、门槛低、方式灵活，对促进城市人口就业作用显著；间接带动城市相关行业的发展，在完善城市功能的同时调整优化城市的产业结构；直接增加当地的经济收入，而且这种收入还可以在国民经济发展过程中形成乘数效应，从而放大其经济影响；可以形成较多的税收和外汇收入，改善城市财政状况；属环境友好型产业，对生态环境污染较小，有利于城市整体环境的优化以及城市整体形象的提升；促进国际、国内和区域间的经济文化交流，创造更多的商机；有利于增加对投资者的吸引力，并通过城市吸引力的增强进一步提高区域吸引力；属社会文化复合型产业，可以提高城市居民生活品质等。国际经验表明，如果能够充分认识各城市的资源特征及自身特色，向高级化发展的城市旅游业将具有更大的发展潜力和空间，在经济、社会和生态等方面的积极意义将更为突出，这也是各城市争相发展旅游业的根本动力。

2. 需求拉动

一方面，我国旅游发展是以入境旅游优先，而城市又是入境旅游的主要接待地。自入境旅游发展至今，无论是接待旅游者人次数还是外汇收入，都在不断增加，且增速不断加快，呈现出持续增长的趋势。根据历年《中国旅游统计年鉴》显示，我国历年接待入境旅游者超过 10 万人次的城市所接待的入境旅游者人数均占当年我国各地区接待总数的 2/3 以上。入境旅游的发展将不断提升城市的接待设施规模和管理服务质量，其旺盛的市场需求将成为城市旅游的巨大市场竞争优势。

另一方面，随着我国城乡居民收入的提高及 1994 年双休日制、1996 年“黄金周”长假制和 2008 年《职工带薪年休假条例》的推行，发展旅游的两个必要条件——可支配收入和闲暇时间都逐渐具备，国内旅游从 1990 年的 2. 8 亿人次发展到 2012 年的约 30 亿人次。而在我国近三年接待的国内旅游人次（2010 年国内旅游 21 亿人次，2011 年达到 26. 4 亿人次，2012 年近 30 亿人次）中，2010 年我国乡村共接待旅游者 4 亿人次[①]，2011 年接待 6 亿人次[②]，2012 年接待 7. 2 亿人次[③]，75%以上的旅游者仍以城镇为旅游目的地。而鉴于旅游吸引物、接待设施、接待能力、管理水平等多方面的限制，城市旅游在较长一段时间内仍是国内旅游的主要形式。由此可见，城市旅游的国内需求也极其旺盛。

3. 供给推动

城市作为一个区域的政治、经济和文化中心，与城郊、农村地区相比，具备开展城市观光、度假、休闲、商务、考察、学术交流等一系列旅游活动的优势，为城市旅游的供给提供了条件。

---

① http://forum.home.news.cn/thread/105162691/1.html

② http://news.enorth.com.cn/system/2012/05/21/009265786.shtml

③ http://news.xinhuanet.com/fortune/2012-10/27/c_113518134.htm

第一，从旅游硬件设施建设方面看，首先，城市有更为完善的公共基础设施，如交通、通信、水电供应等；其次，城市拥有相当数量、形式多样、档次齐全的星级饭店、社会旅馆、家庭旅馆、青年旅舍以及各种社会餐饮机构等旅游接待设施；最后，为满足城市居民和外来人员日益增长的物质文化需要，城市娱乐业、商业等都得到了一定程度的发展，旅游相关配套设施比较齐全。

第二，从旅游软件服务方面看，首先，与农村相比，城市能更早更快地吸收各种先进文化，加上城市本身的其他优势，如完善的公共基础设施、更高的工资水平、大量的就业岗位和相对健全的劳动保障制度等，使城市拥有、聚集并能吸引众多高素质的管理和服务人才。其次，城市作为区域发展聚集点，有组建大型旅游企业、实现规模经济、进行联合与创新的能力，从而使城市能够更好地为旅游者提供全方位、高质量的旅游服务。

第三，从旅游资源方面看，首先，城市是人类文明的汇聚地，或多或少的历史文化得以传承，而这些又都以有形或无形的旅游资源形式体现出来；其次，城市在现代文化方面当之无愧地走在农村的前列，一个区域的中心城市是现代文化汇聚的中心，这种现代性在很大程度上提升了其吸引力；最后，在再造型旅游资源建设方面，城市比农村拥有绝对优势。

另外，城市在投融资环境、旅游行政管理、行业组织发展方面都有较好的发展机制，并逐渐形成了健全、有序和规范的市场竞争环境。

5.2.2　充分条件：城乡之间各种要素的畅通流动

1. 劳动力流动的促进

如前所述，旅游业综合性强、关联带动性大，不仅直接就业量巨大，间接和诱导就业量更高，而且与其他行业相比，创造就业机会的资金成本和技术门槛相对较低。因此，大力发展城市旅游，可以为城郊乃至农村大量的富余劳动力提供就业机会，促进劳动力在区域间、产业间的有效流动。

（1）主要流动模式

城市旅游带动模式要解决的首要问题就是减少农民数量，解决农村富余人口的转移就业问题。该模式既要带动农村人口向城市的流动，也要带动农村内部人口由农业向非农产业的流动，据此，可以把劳动力的流动分为如下三种主要模式：

第一，离乡进城模式。该模式是指通过在大城市大力发展旅游业，空间上实现劳动力由农村向城市的转移，身份上实现劳动力由农民向市民的转移，产业上实现劳动力由农业向旅游业及相关二、三产业的转移，从而使农村富余劳动力在新的经济条件下，在更高层次上和更广阔的范围内，通过与其他生产要素的重新组合，得到较高效率的开发和利用。

第二，离土不离乡模式。该模式是以小城镇扩张为基础的，通过在具有资源优势的小城镇中发展旅游业，带动相关二、三产业的发展，从而吸纳城镇内部剩余劳动力。由于小城镇旅游业发展的不稳定性和季节性比大城市更为突出，且劳动力迁移成本比大城市低得多，因此在这种模式中，一部分劳动力彻底实现了身份的转变，完全脱离了农业，从事旅游业及相关产业的工作；另一部分劳动力则属于非彻底转变，只是在农闲或者旅游旺季才从事旅游及其相关工作。

第三，不离土、不离乡模式。该模式是指通过城市旅游的发展，一方面将城市中析出的部分产业转移到农村，形成乡镇企业，实现劳动力的就地产业转移；另一方面利用农村自身优势，调整农业内部产业结构，延伸产业链条，进行农产品的深加工，实现劳动力在农业内部转移。前者可以使农民从农业中转移出来，提高农业效率和劳动者素质，加速农村的现代化和工业化进程；后者可以提高农业专业化生产水平，增加农产品附加值和农民收入。

（2）存在的主要障碍

第一，相对于城镇，农村剩余劳动力的素质仍然偏低。根据 2010 年第六次全国人口普查统计，我国各地区乡村 6 岁及以上人口有 609708623 人，其中未上过学的人口为 44174664 人，占 7.25%；具有小学文化程度的人口为 232068330 人，占 38.06%；具有初中文化程度的人口为 273812219 人，占 44.91%；具有高中（含中专）文化程度的人口为 47099999 人，占 7.73%；大专及以上文化程度的人口为 12553411 人，占 2.06%。同 2000 年第五次全国人口普查相比，乡村居民的受教育程度大幅度提高，但与城市相比，城乡教育差距却仍在拉大。2010 年我国共有高中和大学文化程度人口 307622587 人，乡村人口仅为 59653410 人，仅占全国的 19.39%，不到城市的 1/4①。再从文盲人口的比例来看，虽然中国拥有世界上最大的教育体系，且一直致力于全民扫盲工作，但是成人文盲数量仍然在世界前列。根据 2010 年第六次全国人口普查统计，31 个省、自治区、直辖市和现役军人的人口中，文盲人口(15 岁及以上不识字的人)为 54656573 人，而我国各地区乡村文盲人口 38884409 人（其中男性 10600149 人，女性 28284260 人），占全国文盲人口的 71.14%，占乡村 15 岁及以上人口总数的 7.26%（截至 2010 年底，我国各地区乡村 15 岁及以上人口有 535792357 人，其中男性 270489242 人，女性 265303115 人），高于全国 4.08% 的文盲率。同时，在乡村文盲人口中，女性占到了 72.74%。农村劳动力科学文化素质偏低，这是农村剩余劳动力，尤其是女性劳动力融入城市劳动力市场的最大障碍。

第二，家庭联产承包责任制对农民的禁锢。家庭联产承包责任制虽然极大地提高了农民的积极性，但由于其缺乏土地流转方面的制度安排，从而把农民和土地束缚在一起，不仅阻碍了农业的规模经营，而且使农民难以彻底脱离农业，完全解放出来。

第三，现有户籍管理制度阻碍了劳动力的有效流动。现行的户籍制度人为地将劳动力进行了城乡分割，农村人口进城后没有正式的身份，在婚嫁、教育、住房、社会保障等方面都不能和城市居民享有同等待遇，增加了农村劳动力流动的风险和困难。

第四，农村社会保障制度缺乏。当前，除东部少数农村地区推行了医疗保障、养老保障等基本保障体系外，大部分农村社会保障发展缓慢。基本保障体系的缺乏，导致农村剩余劳动力不愿也不敢完全脱离农业。

第五，剩余劳动力的转移有一定成本。劳动力的转移成本包括搜集信息成本、空间迁

① 以上各种受教育程度的人包括各类学校的毕业生、肄业生和在校生。

移成本、行政控制成本以及不确定性成本等。现阶段，劳动力向城市特别是向大城市的转移中，上述费用基本由农民自己承担，压力较大。

第六，对农优惠政策动摇了劳动力的转移。2004年开始的农业税减免及现阶段对农补贴的实行，增加了农民对农业的信心，加之上述问题的存在，农村剩余劳动力不愿冒险进行转移。

（3）主要对策

第一，开放城乡劳动力市场。要充分发挥城市旅游的就业吸纳能力，就必须按照市场经济的要求，促进城乡劳动力市场的放开，实行就业一体化管理，保证城乡间劳动力要素的自由流动。为此，一方面要培育、扶持和规范劳务中介组织，加快劳动力市场的信息化和网络化建设，完善就业服务体系，正确引导农村剩余劳动力的流向；另一方面要从我国城乡实际出发，继续深化户籍管理制度改革，使农村剩余劳动力的转移更为顺利。

第二，提升农村劳动力整体素质。目前，农村剩余劳动力融入城市的最大障碍是科技文化素质普遍偏低，不能适应城市经济、社会持续迅速发展的要求。因此，加强农村人力资源开发，提高农村劳动力素质是统筹城乡发展的一项战略性措施。为此，首先，各级政府要把农村教育放在优先发展的地位，从实际入手，积极推进农村教育综合改革，统筹安排基础教育、职业教育和成人教育，不断完善农村教育体系，重点培养具有初级专业技术的旅游从业人员。其次，考虑到城市旅游业对人力资源需求的即时性和迫切性，在大力发展农村教育的同时，还应通过各种优惠政策（税收减免、定额补贴、技术扶持等）鼓励和支持各类旅游企业做好从业农民的岗前、岗中和岗后培训工作，提高其知识水平和专业技能，缩短农村劳动力的从业适应期。

第三，推进农村土地流转制度改革。运用法律及法规程序完善土地流转机制，打破现有的“均田制”，适当引入竞争机制，建立租赁、转包等多种形式的流转制度，在尊重农民意愿、保证农民合理利益的基础上，一定程度上实现土地的规模经营，从而促使有条件的农村劳动力放弃土地，实现有效的流动和转移。

第四，积极推进农村保障体系发展。发展农村社会保障体系，根据各个城市的经济能力和旅游业的整体发展水平，将部分进城农民纳入城市社会保障范围，逐步建立异地转移劳动力的医疗、失业、养老等社会保险制度，不仅顺应了建立城乡统一的劳动力市场的要求，而且从根本上消除了农村剩余劳动力的后顾之忧。

第五，充分发挥政府作用，降低劳动力转移成本。政府除了在政策、制度方面要保障劳动力的顺利转移外，还应通过各种措施适当降低劳动力的转移成本。首先，直接为劳动力免费提供大城市中旅游业及相关行业就业信息、降低或减免转移就业中各种证件和手续的相关费用等，刺激剩余劳动力的转移流动。其次，为旅游企业雇用农村剩余劳动力提供各种便利条件甚至一定补贴，增加其直接雇佣动力。最后，政府可以通过各种行政手段和措施，要求用工企业提供部分迁移费用等。

第六，规范劳动力管理。除上述方面外，大力发展城市旅游，促进城乡劳动力的异地转移，还需要政府、社会的充分肯定和大力推进，建立和完善相关的劳动法规和配套政策，实现对城市中农村劳动力的平等化、规范化和法制化管理，切实保障农村劳动力合法权益。

2. 农产品流动的促进

（1）城市旅游的发展带动了城市对农产品的需求

随着城市旅游的发展，其产品不断向深层次和多样化方向发展，一方面，导致国际、国内旅游者的数量不断增加，且在目的地城市停留时间越来越长；另一方面，大量农村剩余劳动力转移到城市的相关二、三产业，城市化水平不断提高，城市居民数量也不断增加。这两个方面都使得城市本身对农产品的直接消费需求不断增加。

（2）城市旅游的发展将带动农产品加工工业向纵深和广度发展

城市旅游的发展会直接带动一批旅游企业及相关产业的发展，这些企业在经过初级阶段零散化发展后，会更加注重其上下游产业链的构造，以便节省寻找供应商的成本，保证产品质量。这将带动农村农产品加工业的快速发展，延伸农业产业链条，具体体现在如下几个方面：

第一，带动农产品的专业化生产。一方面，部分旅游商品生产企业如土特产品生产企业为了降低成本，会考虑在农村建厂，进行专业化大规模生产，然后将产成品或半成品运往中心城市；另一方面，农村部分农产品加工企业会利用自身资源、劳动力等优势，进行当地特色农产品的专业化生产、加工、包装，然后通过自身的销售渠道，销售给城市旅游企业或旅游者。

第二，带动农产品的订单化生产。这里的农产品订单化生产，是指农村农产品加工企业按照城市旅游企业的订单要求，包括产品数量、质量、规格、包装等，进行规模化生产。订单化生产首先要求农产品加工企业和城市旅游企业通过一定的渠道，建立长期业务合作关系；其次，在农产品订单化生产中，产品原材料具有明显的特定性和部分期货性的特征，政府要对农产品加工企业进行有效的宏观调控和必要的扶持、扶助，如利用政府的行政职能，组织农业生产技术人员对生产者进行技术培训或其他形式的技术服务，协调有关部门解决农业生产所急需的资金和生产资料等。

第三，带动农产品的绿色化发展。随着旅游者环境意识、健康意识的不断提高，崇尚自然、追求健康已经成为旅游者消费的主流趋向。在这种情况下，无论是旅游购物还是旅游饮食，绿色化将成为一种趋势，而农产品的绿色化又是旅游饮食的主要内容和旅游购物的重要组成部分。因此，城市旅游的发展将直接带动对绿色化农产品的需求。具有条件的农村地区可以调整现有农业结构，使传统农业与生态农业相结合，直接为城市旅游企业提供绿色有机农产品，并逐渐扩大知名度，形成自己的品牌，不断向产品的广度和深度发展。

3. 旅游活动空间扩张的促进

首先，城市旅游的发展必然会带动并加强产业链条上相关行业的发展，从而加强城市旅游及整个城市的经济辐射功能，将城市旅游产业链条上的部分相关产业转移到条件合适的城市外围、城郊以及乡村地区，形成城市—城郊—乡村、城市—乡村、城郊—乡村、乡村—乡村多重辐射圈层。这不仅可以直接带动城郊、乡村的经济进一步发展，完善城市外围基础设施建设，而且为旅游活动空间不断向外扩张提供了前提条件。其次，区域内旅游管理部门、地方政府出于增加旅游经济收入、推广本地旅游形象、扩大对外交流等方面的考虑，会产生扩张旅游活动空间的需求。再次，旅游企业是一种经济“有机体”，本身具有成长、壮大、扩张的“生命过程”，对外扩张是旅游企业发展的内在要求，这将直接推动旅游活动空间由城市中心向外围扩张。最后，进出城市的旅游者流必然会带动城市内外资本的流动，而资本流动最明显的表现形式即旅游活动空间的扩张。

4. 其他

旅游业是一个社会文化复合型产业，在城乡统筹中城市旅游的发展，除了其凸显的经济作用外，还可以有效促进城乡社会文化的回馈。城市旅游的发展，吸纳了大量城乡劳动力，加强了城乡之间要素的流动，这种人流和物流的不断加强，为城乡社会文化的交融广开渠道，有效地促进了城乡社会文化的交流和反馈，使其吸收彼此的精华，并与自身的社会文化、风俗习惯相融合，不断缩小城乡在社会文化、精神生活以及价值观念等方面的差距。

5.3　城市旅游带动模式的主要类型

由于城市的等级、城市旅游业的结构及其功能不同，城市带动模式的类型也有所差异。根据农村劳动力的空间运动方式，即农村劳动力向城市旅游业转移方式的不同，本研究将城市旅游带动模式分为两种主要类型。

5.3.1　中心城市外引型——以青岛市为例

1. 含义

在区域经济的发展过程中，由于区位、要素等方面的差异，大的区域当中一般会出现一个或多于一个的经济中心城市。中心城市的旅游业发展一般已经具有一定规模，在此基础上，通过进一步开发深层次的城市旅游产品，可以为城乡剩余劳动力提供一定数量的直接和间接就业岗位，实现农村剩余劳动力向中心城市的异地转移，即将农村剩余劳动力从农村转移到中心城市。需要说明的是，这种农民的异地转移，不仅仅是简单的农民进城务工而已，而是农民身份的转变，也就是说，中心城市通过大力发展城市旅游，不仅为农民提供工作岗位，而且要为他们提供相应的市民待遇，通过政府、社会以及行业内部提供的各种资源，使他们由农民变为市民，使其拥有在城市中可持续发展的机会。

2. 青岛市旅游业发展现状及对以城带乡的促进

（1）旅游业发展现状

自改革开放以来，青岛市旅游业得到了快速发展，以下选取 2000～2011 年青岛旅游业发展的部分指标加以说明（见表 5-1）。

表 5-1 2000～2011 年青岛市旅游接待主要指标

年度	旅游总收入（亿元）	增长率（%）	旅游总收入占GDP 比重(%)	国内游客（万人次）	增长率（%）	海外游客（万人次）	增长率（%）
2000	100. 50	23. 9	8. 7	1285	13. 6	20. 02	22
2001	117. 56	17. 4	9	1519. 13	18. 2	32. 31	24
2002	150. 5	27. 6	9. 9	1795	27	41. 7	29. 2
2003	136. 80	-9. 1	7. 7	1654. 57	-7. 8	34. 12	-18
2004	207. 56	51. 6	9. 6	2157. 44	30. 4	52. 2	53. 2
2005	256. 58	23. 6	9. 5	2449. 03	13. 5	68. 44	31
2006	325. 2	26. 7	10. 1	2801	14. 4	85	24. 9
2007	400. 3	23. 1	10. 6	3258. 78	16. 3	108. 1	26. 6
2008	420. 28	5	9. 47	3389. 53	4	80. 05	-26. 4
2009	489. 1	16. 4	10	3903. 40	15. 2	100. 07	24. 9
2010	580. 04	18. 6	10. 2	4396. 65	12. 6	108. 05	8
2011	681. 39	17. 5	10. 3	4956. 11	12. 7	115. 64	7

资料来源：根据《青岛市 2000～2011 年国民经济和社会发展统计公报》整理。

由表 5-1 所示，进入新世纪以来青岛市旅游业增长强劲，除 2003 年受到非典重创，2008 年受国际金融危机冲击外，其余各年旅游业收入均实现两位数增长。截至 2011 年底，青岛市旅游业实现总收入 681. 29 亿元，约为 2000 年 7 倍，国内游客人数约为 2000 年的 4 倍，海外游客人数约为 2000 年的 6 倍。自 2009 年以来，旅游业总收入占全市 GDP 的比重已达到 10%，且稳步增长，已成为青岛市名副其实的战略性支柱产业。截至 2010 年底，全市旅游单位已达 872 家。其中，星级饭店 160 家，包括五星级 6 家、四星级 30 家；旅游景区 188 家，包括 5A 景区 1 家、4A 景区 15 家、3A 景区 24 家；旅行社 354 家，其中出境组团社达到 21 家。全市导游人数达到 1 万多人。

（2）青岛市旅游业发展对以城带乡的促进作用

第一，带动青岛市产业结构优化升级。截至 2011 年底，青岛市旅游业收入占全市 GDP 的 10. 3%，占第三产业的 21. 57%，如果考虑到旅游业对青岛市交通运输业、商业零售业、金融服务业、邮电通讯业、文化娱乐业、住宿业、餐饮业、商务会展业等第三产业的带动作用，则其对第三产业及全市产业结构的贡献更大。青岛市三次产业的比例关系也由 2010 年的 4. 9:48. 7:46. 4 调整为 2011 年的 4. 6:47. 6:47. 8，第三产业比重首次超过第二产业，旅游业对青岛市产业结构优化升级的贡献自不待言。

第二，解决了大量城乡劳动力的就业问题。2010 年全国旅游业总收入 1. 57 万亿元，旅游直接就业 1100 万人。而青岛市当年实现旅游业总收入 580. 04 亿元，约占全国的 3. 69%，按此简单计算，青岛市 2010 年旅游直接就业约为 40 万人，约占当年青岛市全市单位从业人员的15%[①]，若再考虑旅游间接就业，这一比例要在40%以上。2012年青岛市GDP达到7302.11亿元，按全市常住人口为871.51万人统计，人均GDP突破1.2万美元大关，接近中等发达国家的上限。加拿大学者S. Smith在其系统理论模型中指出，在发达国家每增加3万美元的旅游业收入，将增加1个直接就业机会和2.5个间接就业机会。根据《青岛市旅游业"十二五"规划》，到2015年青岛市旅游收入将达到1160亿元以上。若按照人民币与美元8:1的汇率，以2010年为基期进行计算，2011～2015年期间，旅游业将为青岛市增加旅游直接就业24万人以上，旅游间接就业60万人以上。由于青岛市"十一五"期间以及之前旅游业的发展是围绕主城和环湾地区展开，因此，青岛市创造的旅游全部就业中大部分应来自城市旅游业的发展。

第三，旅游业的发展还加速了青岛市城乡之间的人、物、信息、文化等的流动，充分发挥了中心城市对城郊、农村等广大腹地的辐射带动作用。根据"依托主城，拓展两翼；海陆互动，辐射纵深"的空间战略，青岛市旅游业发展将以主城和环湾地区为核心，拓展东西两翼休闲度假空间，海陆优势互补，辐射拉动内陆纵深区域。按照此战略，青岛市除大力推进主城旅游集群建设外，还根据地域相近、功能配套与产品组合的原则打造崂山旅游集群、即墨旅游集群、胶州湾西岸旅游集群、胶南旅游集群、胶州湾北部旅游集群、胶州旅游集群、平度旅游集群和莱西旅游集群，这八个旅游集群的建设不仅直接推动青岛旅游业的发展，而且将促进部分产业向城郊及农村转移，促使农民向非农产业转移，带动城郊和农村经济、社会、文化等各方面的发展。

3. 青岛市旅游业发展的经验总结

（1）实施大项目战略和品牌营销战略，城市旅游影响力进一步增强

"十一五"期间，青岛借助奥运契机，建成旅游大项目119个，总投资299亿元，奥帆中心成为国内唯一的"国家滨海旅游休闲示范区"；先后引进美国洲际、喜达屋、凯悦，德国凯宾斯基，法国雅高，港中旅等30多家国内外旅游名牌企业；以"奥帆之都、多彩青岛"为主题，先后在20多个国家和地区，举办了100多场旅游促销活动；成功举办奥运与旅游国际论坛、第二届中日韩旅游部长会议、海峡两岸联谊会等一系列大型国际性、地区性会议和活动；邀请20多个国家和地区的媒体记者和旅行商近百批、1000余人次，来青考察旅游产品；与12个国家和地区的40多个旅游机构建立友好合作关系；与青啤集团、日本全日空、山东航空等大企业，CNN、凤凰卫视、《中国旅游报》等海内外媒体，以及济南、烟台、威海等省内城市，联合进行旅游宣传促销；赴西北、东北、西南、华中、长三角等五大市场100余座城市，进行专题推介；开展了"观世博、游青岛"等主题促销活动；青岛国际啤酒节被评为"中国十大节庆"之首；荣获"中国最佳休闲城市"、"最具动感休闲城市"等称号；成为全国旅游标准化试点工作的唯一副省级城市。

（2）"一城两翼"的旅游空间战略，切实发挥中心城市的辐射带动作用

结合山东半岛蓝色经济区建设和青岛市整体城市规划，青岛市实施"环湾保护、拥湾发展"战略，提出了"依托主城，拓展两翼；海陆互动，辐射纵深"的环湾型城市旅游

① 根据《青岛市2010年国民经济和社会发展统计公报》，2010年青岛市全市单位从业人员为269.4万人。

发展格局。胶州湾跨海大桥、胶州湾隧道的开通及接线工程的进展，城市地铁建设推进，青荣、青连、海青铁路项目的启动，进一步优化扩展了青岛的城市发展空间，也明显增强了青岛作为山东旅游中心城市和山东半岛龙头城市的辐射拉动作用。在青岛大旅游的辐射带动下，主城区以东至即墨的东翼沿海旅游带和薛家岛到胶南的西翼沿海旅游带逐渐与主城区融合，胶州、平度、莱西等北部腹地的旅游也已开发并开始加速，城乡一体化的趋势日益明显。从山东省整体区域旅游发展格局来看，青岛市旅游中程可辐射到日照、烟台、威海、潍坊等城市，远程辐射到曲阜、泰安、济南等城市，在更大范围内推动山东省城乡统筹的发展。

（3）突出城乡统筹和产业融合，打造多元化旅游产品体系

青岛市旅游资源丰富，近年来按照城乡统筹和产业融合的思路，注重规划和开发拉动力强、主导作用明显、具有新兴战略意义、综合效益好的旅游项目和相关产品，在学习借鉴西班牙马略卡岛、美国迈阿密、德国慕尼黑，国内的北京、桂林、无锡等城市发展海洋旅游、文化旅游、节会旅游、休闲旅游、生态乡村旅游等先进经验的基础上，已形成度假旅游、观光旅游、海上旅游、文化旅游、节庆会展旅游、国际邮轮旅游、乡村休闲旅游、体育健身八大互补性旅游产品体系，游客停留时间达到3.6天，旅游业的关联带动作用进一步增强和体现。

（4）统筹发展产业要素，完善城市综合服务功能

产业要素完备与否直接决定一个国家或地区的产业竞争力。为打造人民更加满意的现代服务业，青岛市统筹规划配置城市的基础设施，整合城市的旅游、交通、信息、商业、服务业功能，重点规划旅游集散系统、旅游公共服务系统、旅游导示系统、旅游交通系统和海上旅游设施；切实推进旅游服务“一五一工程”：建设“一个中心”（旅游信息中心），完善“五个网络”，推进“一个提示”；支持有条件的旅游度假区、景区（点）进行产权改革，理顺经营管理体制；支持各类旅游企业的跨行业、跨地区、跨所有制兼并重组，培育具有较强竞争力和集聚效应的旅游企业和集团。

5.3.2 小城镇内聚型——以即墨温泉镇为例

1. 含义

统筹城乡发展，必然要求加快城市化的进程，而在城市化的进程当中，会出现大量的小城镇。选择具有资源优势和一定客源市场的小城镇发展旅游业，不仅可以促进小城镇本身的发展，更为重要的是，小城镇数量多，且农村的区位优势较中心城市更为明显，从而可以更好地发挥旅游业的就业吸纳能力，实现农村剩余劳动力的就地转移。这种转移与向中心城市的转移具有明显的不同，属于典型的农民“离土不离乡”的形式，使农民就地实现了从农业向旅游业及相关第二、三产业的转移。这不仅有利于农村劳动力向中心城市转移，防止各种大城市病的产生，而且与第一种类型相比，会减少农村劳动力的转移成本，减轻由农民变市民所带来的各种社会负担。

2. 即墨温泉镇旅游业发展现状及对以城带乡的促进

（1）旅游业发展现状

即墨温泉镇位于山东省即墨市东部，面积93平方公里，下辖50个行政村，约5万人口。2012年1月至6月，该镇实现地区生产总值6.4亿元，地方一般性财政收入1.33亿元，农民人均纯收入6900元，全镇实际利用内资13.6亿元，实际利用外资1790万美元①。自2002年10月，即墨温泉镇亮出“即墨温泉旅游度假区”的新招牌以来，以海水温泉浴、冬季滑雪、旅游度假等为特色的温泉旅游项目逐渐形成品牌效应。2010年，温泉镇接待旅游者到访近60万人次，实现旅游收入1.8亿元②，全镇总税收达到1.067亿元，其中85%来自旅游企业③。

即墨温泉镇发展旅游以来，已先后引进建设温泉国际会展度假城、温泉芭东小镇、天泰山海泉综合开发、海信温泉王朝等投资过亿元的高端旅游项目18个，签约总资金近300亿元。为提高温泉旅游的接待档次与质量，把高端的酒店管理品牌和温泉特有的地热水资源相结合，温泉镇定向引进国内外知名酒店，现在，有接待能力的酒店共有11家，总房间数达3000多个④。与此同时，温泉镇还开发了“钱谷山”牌茶系列产品、琴岛温泉泥电热敷宝、大海南豆腐、海东虾皮、七沟虾酱等一批体现地域特色的旅游特色食品和商品。

（2）旅游业发展对以城带乡的促进作用

第一，实现劳动力的就地转移就业。

温泉镇旅游业的发展，带动了旅游交通、住宿、餐饮、购物等产业要素的迅速发展，形成了一批规模、层次不同的旅游企业，直接实现了农民从农业向旅游业及相关产业的就地转移。抛开已有就地转移的劳动力存量不计，据初步测算，仅2005年全面开工建设的主要度假项目（包括由青岛汇泉旅游发展有限公司总投资3.83亿元建设的青岛王朝温泉产权式分时度假酒店，由北京合达置业有限公司投资3亿元建设的北京合达度假村，由青岛温泉工人疗养院、青岛红领服饰有限公司投资2.6亿元建设的温泉阳光度假城，第三个9洞的天泰高尔夫球场等）建成后，可直接安置劳动力1000～1500人⑤，若再考虑间接转移的劳动力，数量更为可观。自2005年以后，温泉国际会展度假城、温泉芭东小镇、天泰山海泉综合开发、海信温泉王朝等旅游大项目的建设，带来了大量的直接和间接就业机会，不仅实现了当地居民由农业、渔业等向服务业的就业转变，也为周边及外来人员提供了大量就业岗位。

第二，优化现有产业结构。

即墨温泉镇通过旅游业的发展，推动了温泉旅游资源的进一步升级，吸引了大量的投资，极大地促进了交通业、建筑业、会展业、房地产业、娱乐业等的发展。据悉，自温泉镇发展旅游以来，先后建设改造了麒麟路等18条长达70余公里的道路，泉海路作为连接

① [http://news.sina.com.cn/o/2012-08-27/073425042416.shtml

②]http://www.jimo.gov.cn/government/news/201183120443757540.shtml?typeid=73&videos

③ http://www.qdjimo.com/html/2011/0621/1043580652.htm

④ http://news.sina.com.cn/o/2012-08-27/073425042416.shtml

⑤ http://www.jimo.gov.cn/government/news/201183120443757540.shtml?typeid=73&videos

滨海公路和青威一级路的迎宾大道已全线通车；由南山集团控股成立的青岛长基置业有限公司兴建、总投资200亿元、建筑面积500万平米的青岛国际博览中心正在顺利进行，并于2011年10月29日至11月1日迎来首展。与此同时，天泰中信、青建橄榄树、麦尔文艺墅、海尔原乡墅等大项目建设稳步推进，在这些项目中，计划总投资超过1亿元以上的大项目就有18个，与旅游相关的项目达到29个。上述这些大项目的发展，将直接增大温泉镇二、三产业的比重，调整和优化现有的产业结构，并促进其不断向合理化和高度化发展。

第三，带动当地基础设施建设。

为打造旅游产业链，形成集群发展，促进当地经济、社会全面发展，温泉镇聘请青岛市规划设计院对温泉度假区进行10.8平方公里的控制性规划，对区域内的商业服务设施、医疗卫生设施、综合设施等做了详细规划。“温泉度假区”作为青岛东部旅游度假区开发的重中之重，将极大地带动当地基础设施的建设和完善。2005年以来，围绕度假区开发建设而实施的深度绿化、道路建设、河道治理、温泉公园建设、学校建设、拆迁等六大工程。近年来，为推动旅游业发展，即墨市委、市政府先后投入20余亿元，加快基础设施配套建设，其中温泉镇的投资超过10亿元[①]。建设改造了18条道路，绿化了48座荒山，15条道路进行立体景观绿化，铺设了雨污水、自来水、地热水、供气、供热、弱电等管线。此外，还对各村庄道路进行了硬化，建设垃圾中转站，配备垃圾清理车等，使得全镇基础设施状况有了很大改善。

3. 即墨温泉镇旅游业发展的经验总结

即墨温泉镇通过发展旅游业，极大地带动了广大农村的发展，既实现了广大农民“离土不离乡”的就地转移，也实现了传统农业、渔业向现代农业及旅游业的多元化转型发展。作为小城镇内聚型的城市旅游带动模式，即墨温泉镇有很多好的经验和做法可以为其他小城镇旅游业的发展提供借鉴。

（1）充分发挥政府作用，为小城镇旅游业发展搭建更好的平台

城乡统筹工作赋予了小城镇旅游业发展特殊的使命，要充分发挥小城镇旅游业对周边广大农村的带动作用，离不开政府的引导、规制和参与。即墨温泉镇在旅游业发展中，坚持“规划领先、完善配套、服务旅游、推进项目”的原则，为旅游业的发展搭建了很好的平台，保证了旅游业的可持续发展，具体体现在：第一，坚持“旅游兴镇”的思路，紧紧围绕发展目标，踏踏实实做好旅游基础设施配套工作。尽管旅游业投资大、周期长、收效慢，但是温泉镇在发展中不急功近利，大力投资于道路、供水、供热、供气、污水处理等的改造、扩建，栽植各类苗木，绿化区内荒山，使温泉镇旅游承载力不断提升。第二，严把项目引进关，保证引进项目的质量及与旅游业的关联性。旅游项目的引进为温泉旅游发展提供了强有力的支撑，不但提高了温泉镇的旅游承载力和旅游档次，还直接拉动了当地税收和劳动力的就业。第三，切实提高政府的服务管理水平，凝心聚力服务旅游业发展。在温泉镇旅游业发展中，温泉镇全力以赴抓项目引进、抓资金到位、抓落地开工、抓优质

① http://sd.house.sina.com.cn/news/2005-11-02/0912913.html

服务，成立大项目促进领导小组，建立项目联系制度、项目推进制度和“绿色通道”制度，创建风险预测和评估机制，坚持公开、公平、灵活、以人为本的原则，对项目建设存在风险及项目调地、补偿、拆迁等工作进行统一评估和公示，有力地推进了旅游业发展。

（2）关注居民可持续发展的生计问题，消除当地居民的后顾之忧

在城乡统筹背景下，小城镇内聚型城市旅游的发展与中心城市外引型城市旅游的显著不同在于可以实现农民就地的就业转移和身份转移，不仅减少农民异地转移的成本，还可以减轻中心城市的各种压力。因此，通过小城镇旅游的发展，可以更好地保证城市旅游在以城带乡中的作用可以全面发挥。但是，在小城镇旅游发展中，项目引进、基础设施建设等必然会占用大量土地，那么，失去土地的当地居民的生计问题将是小城镇旅游业和小城镇本身可持续发展的关键问题。在即墨温泉镇旅游业发展中，首先，针对土地调整和拆迁问题，该镇创建了风险预测和评估机制，对项目建设存在的风险及项目调地、补偿、拆迁等工作进行统一评估、公示，保证当地居民的知情权、建议权等权益；其次，考虑到温泉镇沿海一线的旅游开发项目多，而且近海渔业也面临着资源枯竭的问题，因此，由政府出资统一收购渔船，并妥善安置渔民的转移就业。截至 2012 年 1 月，温泉镇 7 个小渔村的渔船被统一回购后，渔民大部分经过了培训，进入了当地旅游企业上班，平均月薪达到了 3000 元。目前，温泉镇上已有上万名渔民进入当地 10 多个旅游企业，也有的少数渔民自己经营渔家宴等，从事与旅游产业直接或相关的工作。经过上述举措，当地居民获得了从事新工作的技能和岗位，提高了收入，切实实现了就地的就业转移和身份转移，解决了其可持续发展的生计问题，提高了其对旅游业的认识、认可和支持，保证了旅游业的可持续发展。

（3）凸显特色与品质，保证旅游产品的竞争力和旅游业发展的可持续力

如何凸显特色，如何打造精品，是目的地旅游竞争力的关键。即墨温泉镇围绕着打造精品项目，提供精品服务，凸显产品特色等方面做了如下工作：第一，高端定位，打造高品质旅游度假区。具体体现在：首先，严把项目关，引进投资大、质量高、旅游相关性强的高端旅游项目；其次，针对旅游业综合性强、组成要素多的特点，按照高标准、高要求建设医疗、供水、供热、供气、污水处理等配套服务实施，提升目的地承载能力和旅游产品质量；最后，对全镇环境进行了综合整治，对相关人员进行旅游接待礼仪培训，完善道路指示牌和警示标志，大力提升了旅游服务的细节。第二，基于独特的资源优势，走“1+N”模式的综合开发之路。温泉镇围绕温泉资源，相继打造了“温泉+冬季滑雪”、“温泉+高尔夫”、“温泉+保健”、“温泉+会展”等高品质旅游及会展产品，充分发挥了旅游业的带动作用。第三，政府对收购的所有渔船进行再利用。按照国家环保的相关标准，对回购的渔船进行环保处理，并将清理干净且无任何污染的渔船统一沉入深海，用于建立人工鱼礁，充分体现海滨温泉小镇的特色。

（4）将社区参与落到实处，保证社区利益

在旅游业发展中，社区参与的程度一方面决定社区能获得的利益；另一方面，也影响旅游业自身以及社区的发展问题。温泉镇在旅游业发展中特别注重社区参与，首先，根据实际情况，对社区进行了统一规划，将全镇分为 3 个聚集型社区和 1 个中心村服务型社区，

并对社区建设情况进行了广泛调研，为后续工作开展打下良好基础。其次，为了提高社区居民的参与能力，当地政府专门建立了一个社区职业培训中心，对当地55岁以下的居民进行服务、保安等专业培训，经培训合格后可介绍进入当地大型旅游企业工作。同时，在旅游业发展中涉及的调地、补偿、拆迁等，坚持公开、公平、灵活、以人为本的原则，征求社区组织及居民意见，及时公示，从而得到了社区组织及群众的认可和拥护，保证了各个旅游项目的顺利进行和旅游业的健康发展。

第六章　城市旅游带动模式实施中要注意的问题

6.1　城市旅游发展中的区域联合问题

在城乡统筹中发展城市旅游，不应仅局限于城市本身，而应该把视角放在更大的空间范围内，加强城市之间的对话和交流，因地、因时制宜，探索和尝试行之有效的区域旅游合作模式。这种区域旅游的联动发展，一方面，通过城市间的资源整合和优势互补，提升了城市旅游的整体竞争力；另一方面，使原来的单个城市、单个增长极带动转变为多个城市、多个增长极带动，不仅直接放大了城市的带动作用，还实现了城乡统筹与区域统筹的良好衔接。

6.2　城市旅游规划与城市其他规划的关系问题

城市旅游的各要素和环节都要依托城市空间来建设和发展，所以城市旅游的发展与整个城市的空间结构和布局密切相关。作为城市整体规划的重要组成部分，城市旅游规划涉及城市建设的诸多方面，和城市其他规划存在着必然的联系。因此，要充分发挥城市旅游带动模式在城乡统筹中的特殊作用，就必须处理好城市旅游规划与城市其他规划的关系问题。

城市规划的对象是整个城市社会，它主要考虑的是城市内部发展，体现的是城市居民的利益和要求。而城市旅游规划是为旅游者服务的，体现旅游者对城市的要求，关注的是城市的外向性。一方面，城市相关规划的成果是建设和管理城市的基本依据，是保证城市土地合理开发利用及其正常经营活动的前提，是实现城市社会经济发展目标的综合性手段，具有实施的权威性。城市旅游业的部门性、依托性和关联性特征决定了城市旅游规划必须依赖作为指导和控制城市发展的城市相关规划的支持，从而确定城市旅游的性质和发展目标，保证旅游用地的开发合理性，协调旅游发展与城市其他方面发展的关系。另一方面，作为一个城市特定经济部门的发展规划，城市旅游规划能为城市旅游业的发展和宏观调控提供总体思路和策划，在一定程度上是对城市规划的有力补充，所以城市规划必须考虑城市旅游规划的要求，在规划中体现旅游的适应性。

总之，城市旅游规划既区别于其他城市相关规划，又与其他城市相关规划有着千丝万缕的联系。在进行城市旅游规划时，既要考虑有关规划的要求并适当融入有关规划的内容，同时又必须明确城市旅游规划的性质和任务，突出城市旅游规划的特色与功能。

6.3 城市旅游与城郊旅游、乡村旅游的关系问题

城乡统筹发展，不是城乡均衡发展，而是城乡协调发展，即先由城市的发展逐步带动城郊和农村发展。因此基于城乡统筹发展旅游业，必须正确处理城市旅游、城郊旅游、乡村旅游的关系问题，既不能把城市旅游完全孤立起来，又必须使三种模式分层次、分阶段地有序进行。我国的城乡现状决定了现阶段发展旅游业仍要以城市为中心，并通过城市旅游带动城郊旅游、乡村旅游的发展。而通过在一些大城市周围逐步建立环城游憩带和选择性地开展乡村旅游，一方面是对城市旅游产品的有益补充，另一方面也促进了部分城郊和农村地区的发展，为以后各阶段工作的开展做好铺垫。

6.4 促进农村劳动力转移就业“量”与“质”的辩证关系问题

虽然城市旅游的直接就业量和间接就业量大，资金成本和技术门槛低，对农村劳动力向城市转移就业的促进作用大，但也要清楚地认识到，现阶段这种促进作用较多地表现为农村劳动力在城市旅游业中就业“量”的增长，而且绝大多数农村劳动力从事的是旅游业中低技术含量的工作岗位，收入低，可替代性强，工作岗位不稳定。当然，这种就业结构是由农村劳动力整体科学技术和文化知识素质低所决定的，也符合当前国情和城市旅游业发展的需要。但随着城市化进程的加快，首先，导致城市自身就业人口的增加；其次，城市旅游业面对日趋激烈的竞争，各旅游企业出于提升自身竞争力的需要，必然会对作为其竞争根本的人力资源标准提出更高的要求；最后，随着就业保障制度的健全，农村劳动力的就业安置成本也日趋上升。上述各种因素，不仅会放慢农村劳动力在城市旅游业中转移就业“量”的增长，还会对现有就业 “量”造成负面影响，出现所谓的“返农”现象。要真正发挥城市旅游业对农村劳动力的就业吸纳力，就必须要由单纯追求就业“量”的增加向追求“量质兼备”转变，使农村劳动力不仅进得来，而且要留得下，使从事旅游业成为其一份可持续的生计。

要追求“质量兼备”，不仅要有健全的城乡就业支持保障体系，还要通过各种形式和手段为在职农村劳动力提供再教育和学习的机会，如企业的各种在职培训，夜大、电大等在职进修等，通过在“干中学”逐步提高其业务技能和科学文化素质，从而适应城市旅游业可持续发展的需要。只有这样，农村劳动力才能通过从事旅游业留在城市，由农民真正转变为市民。

第三篇 乡村旅游：切实促进农村发展

城乡统筹发展，既强调城乡经济社会发展的互动性与互补性，更强调城乡经济社会发展的一体化。十八大报告指出，城乡发展一体化是解决“三农”问题的根本途径。而在解决“三农”问题、合理开发农村资源、有效激发农民自身的积极性和创造性、促进城乡一体化发展中，发展乡村旅游无疑是一条有效途径。反过来，城乡统筹政策的提出、制定与颁布，也为我国乡村旅游的发展带来了良好的机遇。因此，城乡统筹和乡村旅游之间可以实现良性互动发展。

本篇从城乡统筹中乡村旅游发展模式的内涵出发，首先分析了乡村旅游与城乡统筹的关系，阐述了乡村旅游模式的出发点与基本目标，以及在城乡统筹中的独特作用。然后选择典型案例，系统分析城乡统筹中乡村旅游发展的典型开发经营模式，并以系统论为指导，详细论述城乡统筹中乡村旅游发展的动力机制。最后，本篇对乡村旅游模式实施中的问题与对策进行了探讨。

第七章 城乡统筹背景下乡村旅游研究评述

7.1 国内乡村旅游研究简述

自 1988 年深圳举办“荔枝节”开始，不断增加的国民可自由支配收入和闲暇时间所派生的持续旺盛的市场需求，不断完善的乡村基础设施和旅游配套设施所引致的乡村旅游产业要素的集聚，加上极具市场吸引力的乡村旅游资源与环境，使得我国的乡村旅游在 20 多年的发展过程中经历了从资源特色型乡村的自发活动到 以“农家乐” 或“民俗村”为代表的乡村旅游初级产品的涌现，再到景区化的乡村旅游的快速发展。国家旅游局将 2006 年、2007 年的当年旅游发展主题分别定为“中国乡村游”、“中国和谐乡村游”，2009 年又推出“国民休闲计划”，并颁布了《全国乡村旅游发展纲要（2009～2015 年）》（征求意见稿）， 2013 即将出台《国民旅游休闲纲要》，一系列政策的出台进一步推动了我国乡村旅游的发展。从作为一种旅游现象到成为一种大众化的旅游方式，再到成为一个产业，乡村旅游日益引起国内学界的关注，并涌现出了大量的研究成果。

从文献检索情况看，凌申 1990 年发表在《农业现代化研究》第 5 期的《论我国乡村旅游资源的开发》一文，是笔者检索到的国内关于乡村旅游的第一篇学术论文。此后，有关乡村旅游的研究逐渐兴起，以“乡村旅游”为关键词在中国学术期刊网络出版总库进行检索，发现从 1991 年至 2011 年，共发表乡村旅游的相关论文 4019 篇，其中核心期刊收录 1097 篇、CSSCI 收录 358 篇，各年度发表论文情况详见表 7-1。

表 7-1　1991～2011 年国内期刊发表的以“乡村旅游”为关键词的论文统计

年度	论文数量（篇）	核心期刊论文数量及比例	CSSCI 收录论文数量及比例
1991～2000	51	15/29.4%	12/23.5%
2001～2005	304	80/26.3%	56/18.4%
2006	343	90/29.6%	44/12.8%
2007	550	143/26%	47/8.5%
2008	587	165/28.1%	45/7.7%
2009	688	177/25.7%	43/6.3%
2010	731	215/29.4%	57/7.8%
2011	785	212/27%	54/6.9%

注：核心期刊论文数量以及 CSSCI 收录论文数量均按网络检索结果计数，未考虑部分期刊已被《中文核心期刊目录》（2008、2011 版）和《中文社会科学引文索引》（2008～2009，2010～2011）剔除.

由表 7-1 可知，1991～2000 年的 10 年中，仅有 51 篇学术论文公开发表，年均 5 篇，说明此时期学者们对乡村旅游的关注不足，投入的研究精力不够，这主要是由于当时在国家大力发展入境旅游的政策导向下，国内乡村旅游尚处于探索阶段，产品数量相对较少，市场规模和影响力甚微，难以成为学者们的主要研究对象和切入点；进入 21 世纪以后，随着大众化旅游时代的到来，国内旅游迅猛发展，乡村旅游无论在数量、规模还是市场影响力等方面均已成为国内旅游的主力军，自然日益为学者们所关注，研究成果也相应增加。2006 年是国内乡村旅游研究的转折点，343 篇的论文数量相当于 1991～2005 年国内乡村旅游学术论文的总和，这一方面是产业迅猛发展的结果，另一方面也是因为国家旅游局将 2006 年定为“中国乡村旅游年”的政策使然。2007 年更是乡村旅游研究的井喷之年，论文数量比 2006 年增加了 60%，而 2007 年的旅游发展主题是“中国和谐乡村游”，这更折射出政策导向对乡村旅游深刻的影响程度。与此同时，乡村旅游研究呈现出繁荣景象，论文发表数量逐年递增，成为中国最受关注的旅游研究领域之一。

为说明乡村旅游研究的主要内容，我们选取旅游类刊物中两个 CSSCI 来源刊——《旅游学刊》和《旅游科学》1991～2011 年期间刊发的论文为例，进行初步分类和简要的统计分析。以“乡村旅游”为关键词在中国学术期刊网络出版总库进行检索，发现 1991～2011 年间，《旅游学刊》共刊发乡村旅游的论文 83 篇（去除了编辑手记和年度目录）、《旅游科学》8 篇，两者总计 91 篇。其中，关于乡村旅游发展的论文数量最多，达到 25 篇，2008 年以前的论文主要是从产业发展的角度入手，以乡村旅游发展过程中存在的关键问题为出发点，提出针对性的建议和对策，常结合某一案例地展开案例研究；这之后，随着 2008 年全国旅游工作会议将“转型升级”、“转型增效”上升为国家层面的旅游发展战略，研究乡村旅游转型升级的论文开始增加。研究乡村旅游基础理论的论文有 17 篇，内容主要涉及乡村旅游的概念、类型、特点、产业功能、产业定位、国内外研究综述、研究动态等。涉及乡村旅游开发与规划的论文 17 篇，包括产品开发、市场开发、资源开发与规划、土地开发与规划等，主要采用地理学的研究方法。有 11 篇论文围绕着乡村旅游主体展开研究，研究内容包括游客的心理感知、满意度、行为特征、消费偏好等，以及社区居民在乡村旅游中的参与动机、社会排斥、日常对抗等，主要采用心理学的实证研究方法。此外，还有 3 篇国内外乡村旅游发展的比较研究成果，2 篇乡村旅游人才培养与专业教育方面的论文。具体分类及数量分布情况见图 7-1。

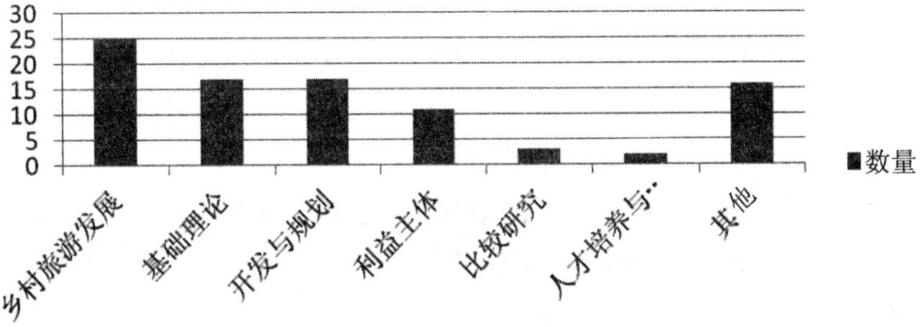

图 7-1　1991～2011 年《旅游学刊》和《旅游科学》刊发的乡村旅游论文内容分类及数量

由表 7-1 还可以发现，在 1991～2011 年期间的 4019 篇乡村旅游的论文中，核心期刊的比重为 27.3%，CSSCI 收录的比重仅为 8.9%，不到总数的 1/10，若考虑到部分期刊已被《中文核心期刊目录》(2008、2011 版)和《中文社会科学引文索引》(2008～2009、2010～2011）剔除，这一比例将会更低。这些数据说明，从整体上看，我国乡村旅游研究水平不高。

再从 2006～2011 年检索的结果来看，虽然论文的数量、核心期刊论文总量、CSSCI 收录论文数量每年呈递增态势，但核心期刊比例和 CSSCI 收录比例却呈逐年下降趋势，这说明近些年发表的论文存在重“量”轻“质”的问题，研究存在低水平的重复。

7.2　基于城乡统筹思想的乡村旅游研究评述

在中国学术期刊网络出版总库中检索关键词“乡村旅游”并含“城乡统筹”，发现 1991～2012 年期间共有检索结果 74 条，去除编辑手记、新闻和通讯报导等，还有 63 篇学术论文，其中核心期刊 15 篇，CSSCI 收录 7 篇，每年度的论文数量如表 7-2 所示。

表 7-2 1991～2012 年国内发表的以“乡村旅游”并含“城乡统筹”为关键词的论文统计

年度	论文数量（篇）
1991～2004	0
2005	2
2006	0
2007	5
2008	7
2009	4
2010	15
2011	18
2012	12

由表 7-2 可知，1991～2004 年期间，并未检索到以“乡村旅游”并含“城乡统筹”为关键词的论文，这是因为“城乡统筹发展”是中国共产党在 2002 年的十六大上明确提出的，2004 年 9 月召开的十六届四中全会上才形成了“工业反哺农业，城市支持农村”的统筹城乡发展的实现机制。但这并不说明，2005 年以前的乡村旅游研究成果与城乡统筹毫无关联。事实上，在五个统筹提出之前，国内很多学者在其研究中都认识到了发展乡村旅游对缩小城乡差别、解决“三农”问题的重要意义。

7.2.1 2005 年以前乡村旅游研究中蕴含的城乡统筹思想

杜江、向萍（1999）指出城乡差别是乡村旅游产生和发展的土壤，而乡村旅游的发展又会通过主客间的互动关系促进城乡差别的缩小乃至消失。张清等（2003）在研究吉林乡村旅游发展时指出，乡村旅游能提高农业资源的利用效率；突破以“纯农”为主的传统生产经营模式；解决部分农村剩余劳动力就业问题；带动乡村城镇化，有效促使城乡经济走廊形成；促使农业生态观念的形成。该研究是与农村经济结合较为密切的研究，深化了对乡村旅游特殊作用的认识。甘巧林、陈忠暖（2000），杨萍（2004）等认为乡村旅游虽然不是解决我国“三农”问题的一剂万能药，但在有条件的地区开发乡村旅游，与区域内其他旅游开发、农村扶贫、小城镇建设等相结合，通过影响对农资金积累、非农产业结构调整、农户增收与生态保护等方面来促进乡村发展，完全可以使其成长为重要的非农产业，促进农村经济产业结构的优化和升级，给乡村旅游的经营者带来直接经济收益，为农村人口创造就业机会，充分发挥旅游业的乘数效应。李辉、杨朝继（2004）在分析乡村旅游与西部城镇化的关系、陈绍友（2003）在分析重庆大城市带大农村战略时，也都体现了城乡统筹的思想，充分肯定了乡村旅游在农村产业结构调整、非农化进程中的积极作用。隋春花（2000），韩丽、段志辉（2000），文军、唐代剑（2003）等也充分肯定了发展乡村旅游对解决“三农”问题的重要意义。

也有一些学者提出要发挥乡村旅游的巨大作用，必须要充分调动农民的积极性，注重农民自身的参与，使农民真正成为发展乡村旅游的受益者。郑群明、钟林生（2004）认为参与式乡村旅游是行之有效的形式，并在总结全国各地成功做法的基础上，提出了“公司+农户”、“公司+社区+农户”、“政府+公司+农村旅游协会+旅行社”、“农户+农户”、个体农庄、股份制等多种模式，这些模式对今后城乡统筹中乡村旅游的开发有极强的借鉴意义和指导作用。另外还有一些学者在对乡村旅游产品开发、可持续发展等的研究中也蕴含了城乡统筹发展的思想。

7.2.2　2005年以后城乡统筹背景下的乡村旅游研究

从文献检索结果来看，系统地结合城乡统筹的理论内涵、发展背景以及我国城乡现状开展对乡村旅游研究是从2005年开始的。徐福英、马波（2005）首次明确提出将乡村旅游作为城乡统筹工作新的视角和切入点，提出了城乡统筹中乡村旅游发展的动力机制和开发经营模式，并对其发展过程中存在的问题提出了相应的对策。徐福英、刘涛（2007）进一步指出乡村旅游能切实解决“三农”问题，是城乡统筹中旅游业发展的三种有效模式之一。李坚（2007）采用SWOT-PEST分析法，归纳了城乡统筹中发展乡村旅游的关键性战略因素，并提出三种战略发展模式。漆明亮(2007)从产业布局的角度指出发展都市旅游、乡村旅游、城郊休闲旅游以及长江三峡沿线旅游线，可以促进重庆的城乡统筹发展。中共锦江区委党校课题组(2007)系统地阐释了“五朵金花”模式对城乡统筹的推动作用。周坤(2008)指出乡村意象的保护与再造是城乡统筹中乡村旅游可持续发展的根本。华杰（2008）指出在城乡统筹背景下发展乡村旅游，应因地制宜地选择发展产业型观光休闲乡村旅游、参与体验型文化原生态乡村旅游和宣教型红色文化乡村旅游。王瑛(2009，2010)从加强地方政府主导、完善农村基础设施、提高从业人员素质、树立鲜明的乡村意象、加强产品营销、构建大区域网络体系等多个方面提出了城乡统筹背景下科学发展乡村旅游的思路，并以郫县为例进行了案例研究。洪红等（2010）认为在城乡统筹背景下，乡村旅游开发应当与新农村建设结合起来，提出了一种以乡村旅游开发带动乡村经济、社会、生态环境持续发展的规划模式，并探讨了该模式的实现过程。林光旭(2010)阐释了城乡统筹与乡村旅游的互动关系，并以成都市为例探讨了城乡统筹下乡村旅游开发的着力点及其实施程序。黄葵(2010)系统分析了城乡统筹中保护和再造乡村景观的必要性和可行性，并据此提出了具体的建议和对策。马作珍莫（2010）指出城乡统筹背景下，我国乡村旅游发展存在开发思路不清晰、产品低端，文化内涵缺乏等问题，并以成都市三圣乡为例，提出了乡村旅游深度发展的一些建议。高鑫、董青（2010）深入探讨了乡村旅游的社会整合效应与城乡统筹的互动关系。值得一提的是，杨振之在2010年出版了《城乡统筹与乡村旅游》一书，该书从经济学和法学的视角出发，系统研究城乡统筹与乡村旅游转型升级问题，提出了通过实施“农地发展权”和土地流转来实现乡村旅游向乡村休闲度假的升级。

2011年基于城乡统筹思想和背景的乡村旅游研究进入了一个新的阶段，不仅成果数量多，而且从理论层面提出了众多的新观点、新思路和新模式。其中，最具影响力和最具代表性的是旅游学界的顶级学术期刊——《旅游学刊》的“中国旅游发展笔谈”栏目在2011年第10、11、12期分别推出的“城乡统筹与旅游”专题研讨。国内许多知名旅游学者从不同的视角对城乡统筹中乡村旅游的发展发表了真知灼见，其中马波认为“研究乡村旅游应当从城乡统筹入、从旅游发展出。乡村力量的存在和壮大是乡村旅游兴盛的前提，乡民是乡村旅游发展的主人”。汪宇明指出乡村旅游化是继工业化、城镇化或公共服务均等化之外又一条乡村可持续发展的路径，但在这一过程中要切实提高乡村旅游服务质量。宋子千指出城乡统筹中乡村旅游的发展要放在城镇化和产业化的进程中考虑，既要突出旅游业在乡村地区城镇化和产业化中的引领性，同时在城镇化和产业化背景下发展乡村旅游要将生态环境的保护放在首位。何景明指出在城乡统筹中发展乡村旅游，要防止旅游发展的浅表化、符号化和“新穷人”的产生。孙业红指出很多地区误将城乡统筹当成“乡村城市化”，导致乡村旅游迷失了发展方向，突出表现为在发展中丢弃了传统知识和传统文化、忽视农民和地方社区利益以及流失农业劳动力和旅游从业人员。安金明指出“旅游下乡”是促进城乡统筹与旅游发展的重要举措和现实选择。杨振之认为在城乡统筹发展的背景下，农业产业化和乡村旅游必须寻求更深度的融合提升，指出土地流转是实现融合的前提条件，并提出了五种具体的产业融合的路径。此外，张哲乐、许霞(2011)归纳了城乡统筹背景下我国乡村旅游的新变化以及由此带来的乡村旅游人才新的素质要求，并提出了人才培养的相关策略。罗辉(2011)指出西部少数民族县域乡村旅游的发展不仅需要有独特而完善的产品体系、有效而积极的市场营销推广策略，更需要从经营管理模式、投融资体制以及政策支撑三个层面构建科学合理的保障体系。何佳（2011）指出城乡统筹背景下乡村旅游的发展使得传统乡村功能得以重构，并对如何重构提出了具体对策。戴承良(2011)分析了城乡一体化与乡村旅游的辩证关系，并以2011年上海首届“我喜爱的乡村”推荐宣传活动为例，对城乡一体化的乡村旅游模式进行实证分析和对策探讨。陈麦池等（2011）指出要实现乡村旅游的可持续发展，必须将其置于当前城乡统筹和社会主义新农村建设的背景下，并纳入到中心城市环城游憩带(ReBAM)规划、建设和运作中。赵磊（2011）对“旅游发展与城乡收入差距之间是否存在显著关系”这一命题进行了实证分析，指出发展旅游能显著减小我国城乡收入差距，但主要表现为对农村人均实际收入的显著正向关系，政府应当对乡村地区发展旅游给予政策支持，在减少城乡收入差距的同时促进农村经济发展。

叶加申等（2012）结合杭州市的城乡统筹，对“三江两岸”乡村旅游资源保护和开发进行了对策研究。唐琳、刘辉（2012）系统地分析了城乡统筹背景下武陵源乡村旅游发展模式的创新。李玉新、靳乐山(2012)认为城乡统筹和产业协同与乡村旅游之间存在互动关系，并以寿光、蓬莱、长岛三地为例分析了城乡统筹和产业协同背景下，乡村旅游转型路径。王琼英、唐代剑（2012）认为在城乡统筹发展的框架下，可从旅游者价值和居民生活价值两方面再造乡村旅游价值，并以两者价值的实现程度构建乡村旅游价值象限图，并提出乡村旅游的帕累托最优模式——融合型乡村旅游模式，并以灵山坞村为案例探讨了该模式的实现条件与途径。张昀晨(2012)在分析城乡统筹背景下农村产业融合的趋势、农业产业化与乡村旅游的互动关系的基础上，对农业与旅游业实现融合的条件、农业旅游的形成过程及存在意义等进行了研究。蒋述东（2012）对城乡统筹背景下，重庆市乡村旅游发展进行了对策研究。

7.3　结论与展望

通过对相关文献的梳理可知，2006 年是国内乡村旅游研究的分水岭，在这之前，研究成果相对较少，且多为介绍性（国外研究成果的引入）和描述性的研究，主要采用“现状—问题—对策”式的思辨式研究方法。2006 年以后，受产业发展和政策因素驱动，乡村旅游研究成果日益丰硕，表现为成果数量的增长；研究视角更为宽广，表现为学者们在深入研究乡村旅游基础理论的同时，能从经济学、法学、心理学、管理学、地理学、文化学、历史学等学科切入开展研究；研究内容的覆盖范围越来越广泛，除传统的乡村旅游发展、开发与规划、基础理论知识等研究外，基于心理学视角的乡村旅游主客体研究日渐增多，体现了乡村旅游研究的深入和细化；在研究方法上，采用国际学术范式的定量研究大量增加，采用案例研究、田野调查、文本分析等质性研究方法的研究成果开始出现，比较研究方法的应用更为规范和深入。但从整体上看，我国乡村旅游研究存在着低水平的重复，整体研究水平仍需提高。

与城市旅游、环城游憩的研究相比，将城乡统筹与乡村旅游结合起来的研究成果较为丰厚，但研究水平整体上仍处于起步阶段。主要表现：为框架性的政策建议式研究较多，而系统地对城乡统筹与乡村旅游之间的互动关系、城乡统筹背景下乡村旅游的开发经营模式、产品形式、政府行为、动力机制及其与城市旅游、环城游憩的互动发展等的研究较为缺乏；浅表性的现象研究较多，对城乡统筹背景下乡村旅游转型升级、土地流转、乡村旅游资源与文化的保护开发等方面的研究不够深入；定性分析和对策研究占有较大比重，符合国际研究范式的实证研究、案例研究成果匮乏，深入一线的田野调查、问卷访谈、数据采集等的研究更是凤毛麟角。因此，对城乡统筹与乡村旅游进行深入的整合研究，应成为今后一段时间乡村旅游研究的重点内容。

第八章　乡村旅游模式

8.1　乡村旅游模式的基本内涵

乡村旅游发展模式，简单地说，就是通过发展旅游业，吸引域内、外城市居民到旅游资源禀赋好的乡村地区进行旅游消费，从而增加农民收入，调整农村产业结构，改善农村基础设施，促进城乡交流，最终达到城乡经济社会统筹发展的目的。该模式可用图 8-1 简单表示。

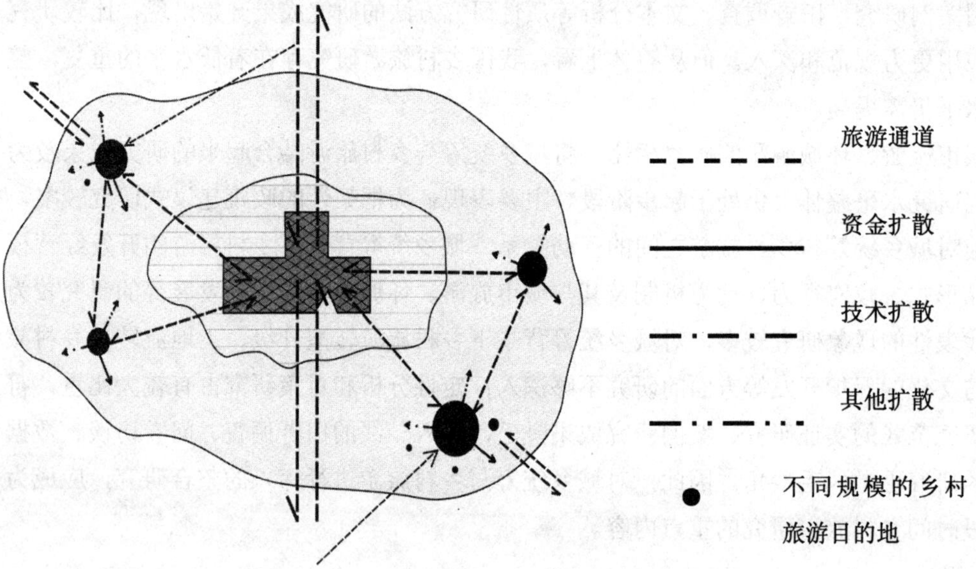

图 8–1　乡村旅游模式示意图

由图 8-1 可见，各乡村旅游目的地的客源主要为本区域所依托的中心城市居民，旅游者根据时间、距离、资源状况及个人喜好等因素，选择不同的旅游通道，进入不同的目的地。但由于部分乡村旅游目的地的发展规模大，吸引力强，也吸引了部分域外旅游者，他们或者由区域间的旅游主通道直接进入到乡村地区，然后经中心城市返回客源地；或者先进入中心城市，然后经域内旅游通道进入乡村地区再返回客源地；甚至部分域外旅游者单纯为乡村旅游目的地而来，由域外旅游通道进入乡村地区并沿该通道直接返回。这些发展规模大的目的地往往还会带动周围地区次级乡村旅游点的形成。随着这些乡村旅游地（点）的优先发展，不仅促进了该地区农民的就地转移就业和当地经济、产业等的发展，还将通过资金、技术以及其他诸如信息、文化、观念等的辐射、扩散，带动周边更广大农村地区的发展。

8.2 乡村旅游模式的构建

8.2.1 乡村旅游在城乡统筹中要解决的主要问题

诚如温家宝所指出：统筹城乡发展，关键在于增加农民收入，加快农村地区发展。换言之，在农村的发展中，问题的主体是农村本身，要彻底解决农村问题，也必须从这一主体出发。当前我国农村存在问题很多，其根源都可以归结为产业结构不合理，非农产业在产业构成中比重太小。如何解决这一问题，加大非农产业比重，使农村产业结构更趋合理化，是统筹城乡发展必须要解决的问题。选择资源禀赋好的农村地区大力发展乡村旅游，开发具有竞争力的乡村旅游产品，吸引域内及域外城市居民，不仅是促进农村产业结构合理化的可行性选择，而且有利于发展农村经济，加快农村城市化进程，增强农村可持续发展的意识，有效缩小城乡差距。

8.2.2 乡村旅游在城乡统筹中的独特作用

在城乡统筹中发展乡村旅游的目的是为了在乡村地区创造新的就业机会，在乡村传统和现代之间找到新的平衡，促使乡村地区基础设施的建设和改善，支持乡村社区经济的发展，提高乡村地区农副产品的附加值，改善乡村居民的生活质量，加大乡村地区非农产业的比重，促进乡村地区社会、经济、文化等的综合整体发展。

1. 乡村旅游与社会主义新农村建设

2005 年 10 月，党的十六届五中全会中提出要按照“生产发展、生活宽裕、乡风文明、村容整洁、管理民主”的要求，建设社会主义新农村。2008 年中央 1 号文件又进一步提出按照形成城乡经济社会发展一体化新格局的要求，扎实推进社会主义新农村建设。在新农村建设中，深刻认识以旅游业发展促进农业和农村发展的重要意义，旅游业综合带动性强，因此，乡村旅游的发展对促进社会主义新农村的经济建设、社会建设、文化建设和法制建设等均具有重要意义。

（1）调整优化农村产业结构，促进农村生产发展

改革开放以来，我国农村产业结构有了很大调整，已经逐步改变了过去以种植业为主的单一产业结构形态，非农产业有了较大程度的发展，但整体来看，第三产业的比重仍然偏低，制约了农村经济、社会等各方面的发展。发展乡村旅游可以从多个层面优化农村现有产业结构，促进农村经济发展。首先，旅游业的发展能直接增加第三产业比重，使农村产业结构向高度化发展；其次，乡村旅游的发展可以有效促进农业的产业化经营，从而带动农副产品及农村手工艺品的深度加工以及交通运输、房地产等相关产业发展，以间接调整农村现有产业结构，使其朝向合理化、高度化发展。最后，乡村旅游的发展会带动农业的现代化和产业化发展。

（2）吸纳农村剩余劳动力，直接增加农民收入

与其他产业相比，旅游业在创造就业机会和吸纳农村富余劳动力方面具有明显优势。第一，旅游业关联带动性强，就业乘数高，乡村旅游也不例外。发展乡村旅游提供一个直接就业机会的同时，可以同时提供多个间接就业机会；第二，旅游业就业门槛低，通常农村富余劳动力经过各种形式的简单培训后，便可实现在乡村旅游领域内的就业；第三，与其他行业相比，乡村旅游创造就业机会的成本相对较低，相同的投资，发展乡村旅游安置的农村待业人员会更多。农民是乡村旅游的主力军，"村姑变导游，农夫成老板"已经成为当今中国农村屡见不鲜的新景观。农民可以直接在旅游企业就业，通过经营农家乐、打零工、摆小摊、加工纪念品等方式增收，还可以通过以土地等资源参与入股乡村旅游项目，从而以入股分红增收。因此，乡村旅游业的可持续发展，可以持续吸纳农村富余劳动力，直接增加农民收入，促进农民生活富裕。

（3）加强城乡交流，促进农民素质提高和乡风文明

旅游业是一个社会文化复合型产业，乡村旅游的发展，不仅加速了城乡之间各种生产要素的流动，而且加速了城乡之间文化的交流，大量乡村旅游者的到来，可以把城市的新信息、新理念带到农村，潜移默化地影响农民素质和乡风民俗，提高农民的学习力，使农民养成持续自觉地学习新文化、新技术的优良习惯，促进农民素质提高和乡风文明。

（4）合理利用资源，促进农村环境保护和生态文明建设

乡村旅游的可持续发展，不仅要求合理规划、开发乡村旅游资源，强调资源、能源等的循环利用，还要求在乡村旅游的开发经营中始终贯彻可持续发展的思想，合法、诚信地进行各种经营活动，这对于增强农民环保意识、保护农村生态环境、促进农村生态建设和环境保护等具有积极作用。

（5）强调社区参与，推进农村基层的管理民主化。、

在乡村旅游发展过程中，通过借鉴国外先进经验，大力提高了当地社区的参与度，在尊重农民意愿的前提下进行农村建设，不仅健全了村党组织领导的集体组织机制和村民自治机制，还进一步完善了村务公开和民主议事制度，提高了当地农民的民主、法治意识，提高了农村民主管理水平，促进了农村政治文明建设。

综上所述，将乡村旅游的发展作为推动农村地区经济、社会、文化建设的一种有效手段，已经日益为各级政府所重视。一方面，乡村旅游的可持续发展，对带动农村地区相关产业发展、优化农村现有产业结构、促进农村就业的多元化和有效化、缩小城乡居民收入差距、促进城乡文化交流等方面起到了积极作用，是解决"三农"问题的一条重要途径和新农村建设的切入点；另一方面，新农村建设战略的实施也为乡村旅游的发展带来了新的历史机遇，不仅为其可持续发展指明了方向，更为其发展注入了新的活力。因此，乡村旅游可持续发展与新农村建设是相辅相成的，两者之间构成了一种统筹城乡发展、建设和谐社会的有效互动机制。

2. 乡村旅游与农村城市化

目前过多的农村剩余劳动力积聚在农村，狭小的农户经营规模，低下的劳动生产率，

使得农业产业化的资本积累缺乏支撑，农业产业化失去现实基础，抑制了农民收入水平和整体素质的提高。因此，城市化是农村经济社会整体发展的必然趋势和内在要求。从学术上来认定，城市化最关键的是其经济特征。因此，城市化的真正标准可以归结为两个：一是农村居民成为市民，这种身份的转变主要是其职业发生变化，而不是户口的变化；二是乡村经济的基础由自给自足的小农经济转变为为市场生产的工商业经济。城市化本身是一个综合性、渐进性和长期性的转变过程，对于农村来讲，这个过程可能要更为艰巨和漫长。而通过发展乡村旅游，可以从多个方面有效地加快这种进程，具体体现在：第一，旅游开发导致乡村人口的积聚；第二，旅游开发导致乡村农业经济向非农经济转化，即使是依然从事农业生产活动，但这种农业生产的目的不再是满足自身消费的需要，而是满足市场交换的需要；第三，旅游开发带动农村基础设施和旅游配套设施的改善和升级，从而为城市化打下基础；第四，旅游开发使农村居民职业结构向非农方向转化；第五，旅游开发加强了文化交流与融合，使农民生活方式与观念城市化。

发展乡村旅游，不管是行政主导的，还是中心城市外延扩张的，或者是农村自主式开发的，都会使得乡村地区逐步城市化，只不过由于开发规模的差别，导致城市化的程度不一样而已。

3. 乡村旅游与农村可持续发展

作为科学发展观的重要体现，城乡统筹既管当前，又管长远。因此，基于城乡统筹发展乡村旅游，在发展之初就注入了可持续发展的思想，从而为乡村旅游与农村的可持续发展奠定了坚实的基础，具体体现在以下几个方面：

（1）自然环境的可持续发展

自然环境不仅能够直接为消费者服务，而且为当地居民服务，是一种公共品，具有非排他性和非竞争性。例如清洁的空气、干净的水源，每个人都可以使用，也都有权使用。在城乡统筹中发展乡村旅游，既要追求城乡互动协调发展，又要注重人与自然的和谐发展以及自然资源的可持续利用。因此，在发展之初就应充分考虑当地的生态承受能力，从而确定科学合理的环境容量，在追求经济利益的同时确保生态效益。

（2）经济的可持续发展

乡村旅游的发展，使农村的经济格局由单纯的农业经济转变为多种经济成分的融合，并在城乡统筹思想的指导下，通过政府、旅游行政部门多种经济和行政手段的综合运用，使这种融合转化为乡村可持续发展的产业支撑，打破乡村地区农业经济的中心地位，促进乡村经济由单一的农业经济向多元化方向发展。

（3）文化的可持续发展

乡村旅游的发展为广大农村地区带来大量的外地游客，他们一般来自经济比较发达的城市，由发达经济孕育的强势文化，对于经济欠发达的农村地区的弱势文化必然会产生影响，这将直接推进农村与城市文化的交流、反馈和融合。更重要地是会使农民认识到自身文化的吸引力，在弱势文化向强势文化靠拢的过程中，农民要主动去寻求，并大力去培育自身的特色文化，促进文化的可持续发展。

8.2.3 城乡统筹中乡村旅游发展的开发经营模式

要充分发挥乡村旅游在城乡统筹中的积极作用，关键在于如何增加农民收入，加快农村自身发展。因此，在城乡统筹中发展乡村旅游，必须从乡村实际出发，因地、因时制宜，充分调动各方力量，尤其是农民和农户参与的积极性，采取有针对性的乡村旅游开发经营模式，努力降低一味依赖外部力量而造成的旅游收益漏损，使农民成为乡村旅游发展的真正受益者，提高旅游收益在农村的乘数效应。本研究认为，在统筹城乡经济社会发展中发展乡村旅游，关键是要让农户参与进来，具体开发经营模式可以归结为以下几种：

1. 资源出租模式

这种模式是指村集体以公开招标的形式，将所拥有的旅游资源出租给旅游开发商，盈亏由旅游公司承担，村民只是按期领取租金。此模式主要应用于那些资金、人才和技术匮乏，但具有良好资源禀赋的农村地区。

2. 个体农户模式

个体农户模式简单地说就是农户以“旅游个体户”形式，在村集体或有关部门的监督管理下，对自家或承包经营的农牧林场、果园和民居等进行改造，独立完成乡村旅游接待和服务工作。

3. 农户联合模式

为追求规模经济效益、实现资源共享和优势互补，可以通过农户联合开发经营。这种联合可以是在个体农户的示范带动下，农户们自发联合；也可以由村集体（村委会）作为组织协调机构，由村民集资建设，在分工协作基础上，组织农户共同参与乡村旅游开发、接待和服务。

4. 多方合作模式

这种开发经营模式的参与方包括政府、企业、村集体、农户及其他开发经营主体，根据各参与方职能、利益以及合作方式，多方合作模式又可演化为以下几种具体形式：

第一，村集体出资源、企业出资金并负责项目规划建设、经营管理和商业运作，居民作为从业人员为旅游者提供服务，这种模式主要适应于康乐型乡村旅游开发。

第二，村集体负责乡村旅游产品的开发、市场宣传和经营管理，农户负责按规定接待、提供导游服务等。

第三，村集体出资源、出资金负责项目规划建设、选拔农户、安排接待和组织协调，聘请管理公司负责景区景点经营管理和商业运作，农户负责按规定接待、提供导游服务等。

第四，政府负责基础设施建设，旅游管理公司负责经营管理和商业运作，旅行社负责开拓市场、招徕客源，村集体负责组织农民参与地方戏表演、导游、工艺品制作、提供餐饮住宿、维护和修缮自家民居等。

8.2.4 乡村旅游模式的动力机制

根据系统动力学，结合对我国乡村现状、乡村旅游运作规律以及农村发展旅游业的可行性研究，本研究将城乡统筹中发展乡村旅游的动力归结为以下两个方面，如图 8-2 所示。

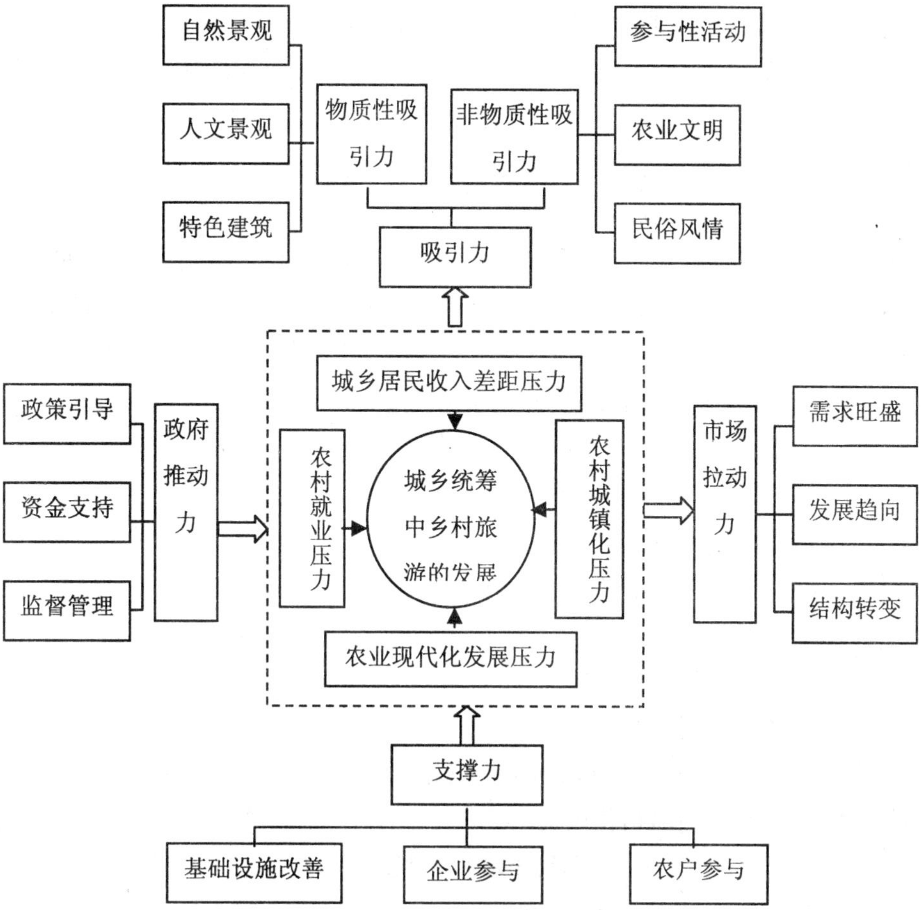

图 8-2 城乡统筹中发展乡村旅游的动力机制图

1. 内力

内力即由城乡统筹工作中面临的主要问题所带来的压力，主要体现在：

（1）城乡居民收入差距压力

2011 年，我国农村居民家庭人均纯收入实际增长 11.8%，为 1985 年以来增幅最高的一年，达到 6977 元，而城乡居民收入比却扩大到 3.13∶1，绝对差距达到 14833 元。若考虑到城乡居民在社会福利、医疗保险、失业保险、住房补贴等方面的差距，我国城乡收入之比可达 4∶1，甚至更高。而世界上大多数国家的城乡收入比是 1.5∶1，不仅发达国家，很多发展中国家的城乡收入比也在这样一个水平。今后一段时间，受国际金融危机的影响，农产品价格和农民工就业都受到很大的影响，农民持续增收的难度大大增加。在这种背景下，在资源禀赋和市场条件较好的地区发展乡村旅游便成为增加农民收入的有效手段。据不完全统计，截至 2009 年，发展乡村旅游已使占贫困地区总人口约 1/10 的人实现脱贫。

（2）农村就业压力

据专家推算，我国现有农村剩余劳动力至少 5000 万人，加上每年新增劳动适龄人口至少 500 万人，考虑到金融危机引发的我国制造业破产减员和转型升级导致大批农民工返乡，农村需就业人数可能要在 1 亿人以上。考虑到我国的城市化进程，按每年 1%的速度推进，每年最多转移农村人口 600 万，吸纳农村转移就业 500 万，这仅与我国农村每年新增劳动适龄人口相当。因此，我国农村就业压力巨大。而发展乡村旅游能大量吸纳农村剩余劳动力，实现农民的就地转移就业，这是缓解农村就业压力的有效举措。

（3）农业现代化发展压力

根据国家统计局公布的 2011 年全年经济数据显示，2011 年我国国内生产总值（GDP）达 471564 亿元，同比增长 9. 2%。第一产业增加值 47712 亿元，增长 4. 5%；第二产业增加值 220592 亿元，增长 10. 6%；第三产业增加值 203260 亿元，增长 8. 9%，三次产业比例为 10. 1：46. 8：43. 1。农业与我国 GDP、第二产业和第三产业相比，占中国总人口 48. 7%的农村人口，仅创造了占 GDP 总量的 10. 1 %的农业增加值，农业生产效率明显落后。通过发展农业观光、农事劳动、果园采摘、文化节庆、纪念品开发、特色餐饮、乡村度假等多种方式的乡村旅游，可以实现“大农业”与“大旅游”的结合，提升农业产业化和现代化，在不降低农村就业率的前提下提高农业生产效率。

（4）农村城镇化压力

2011 年中国城市化率首次突破 50%，达到 51. 3%，但从国际范围来看，我国的城市化进程仍然滞后，比世界同等经济发展水平国家要低约 10～15 个百分点，比发达国家低约 20 个百分点。发展乡村旅游能带动农村基础设施建设以及非农产业发展，推动各种产业要素在农村的集聚，加快农村城镇化进程。要解决当前农村面临的收入增长压力、就业压力、农业现代化和农村城镇化压力，全面缩小城乡差距，根本出路在于农村自身的发展。乡村旅游的产业特征决定了其在城乡统筹发展中的独特作用，从而成为解决上述压力的高效实用的途径。

2. 外力

城乡统筹中推动乡村旅游发展的外力主要来自于市场、政府、资源和产业素质提升等方面。

（1）市场拉动力

首先，随着城市化的快速推进，乡村环境、农业文明和民间文化的旅游价值日益凸显，发展乡村旅游的资源优势明显。其次，城市化带来的环境污染问题、交通拥堵问题、工作生活节奏加快等，使得越来越多的城市人向往乡村那种与城市生活截然不同的贴近自然的乡土气息和淳朴、恬静的生活环境，这必将带来旺盛的乡村旅游需求，发展乡村旅游的市场条件具备。据《光明日报》报道，截至 2011 年底，我国农家乐数量超过 150 万家，规模以上休闲农业园区超过 2 万家，年接待游客超过 6 亿人次，营业收入已超过 1500 亿元，带动 1500 万农民受益①。而根据“中国农谷 · 荆门国际乡村旅游论坛”公布的数据，年接待

① 丁妍妍. 中国乡村旅游发展模式探析[N].中国旅游报，2012-08-01（11）

游客7.2亿人次，年营业收入达2160亿元，8.5万个村庄开展乡村旅游，全国乡村旅游经营户超过170万家，从业人员达2600万人[①]。

其次，现阶段城市居民出游已经由简单的观光向度假、休闲及参与性活动转变，在近距离出行规律的作用下，这种结构转换使城市居民的这一需求在很大程度上集中指向于乡村旅游。据统计，在城市居民小长假出游选择中，选择乡村旅游的占70%以上。不少县的乡村旅游接待人数和收入，占当地旅游接待总人数和总收入的比例已达到和超过50%。乡村旅游主要以城市居民为客源，随着我国城市化进程的加快，必然为乡村旅游提供巨大的客源市场。根据《2012中国新型城市化报告》，2011年我国城镇人口超过农村人口，城市化率首次突破50%，而且这种进程仍在加快。

（2）政府推动力

2004年1月13日，时任国务院副总理吴仪在郑州召开全国旅游工作会议强调：旅游业发展要围绕“五个统筹”，把发展旅游业与促进就业结合起来，创造更多就业机会；与解决“三农”问题结合起来，积极开发农村旅游资源，大力推进农业旅游。2009年《国务院关于加快发展旅游业的意见》明确提出“实施乡村旅游富民工程。开展各具特色的农业观光和体验性旅游活动”。在2009年全国旅游工作会议上，国家旅游局指出要大力发展乡村旅游，制定实施《全国乡村旅游倍增计划》，使乡村旅游成为拉动居民旅游消费的热点，《全国乡村旅游发展纲要（2009～2015年）》提出：到2015年力争实现乡村旅游接待人数7.71亿人次，收入1145亿元，直接就业989万人，间接就业3680万人，旅游从业农民年人均纯收入增长5%。2010年国务院1号文件专门强调“要积极发展休闲农业、乡村旅游”。2010年7月，农业部和国家旅游局联合下发《关于开展全国休闲农业与乡村旅游示范县和全国休闲农业示范点创建活动的意见》，提出要从2010年起，利用3年时间，培育100个全国休闲农业与乡村旅游示范县和300个全国休闲农业与乡村旅游示范点。2011全国发展休闲农业与乡村旅游工作会议提出，要把乡村旅游作为国内旅游的基础工程来抓，把乡村旅游作为发展国内旅游的主战场，摆上突出位置抓实抓好。由此可见，政府为实现城乡统筹发展的目标而在政策扶持、资金支持、税费减免、监督管理等方面的支持为乡村旅游发展提供了强大的外部推动力。

（3）吸引力

乡村秀美的自然风光、风格迥异的民居建筑、别有韵味的乡村人文景观等有形资源，以及独特的民俗风情、传统的农业劳作、厚重的文化艺术、渊源的农业文明等无形资源，都对旅游者有着强烈的吸引力，是城乡统筹中发展乡村旅游的资源基础。

（4）支撑力

在城乡统筹发展的过程中，城市的辐射与波及作用越来越强，对农村的各种优惠政策也不断推出，农村的基础设施条件和相关配套要素有了很大改善，加上中央为应对金融危机影响制定的扩大内需、促进经济增长的各项重要举措，各地将积极推进旅游基础设施建

① http://news.xinhuanet.com/fortune/2012-10/27/c_113518134.htm

设，通过政府投资带动社会投资，建设一批休闲度假接待设施、旅游住宿设施、旅游道路、旅游救援和旅游公共服务设施，这将进一步增强乡村旅游的有效供给。其次，随着我国旅游业由“量的增长”向“质的发展”的转变，各旅游企业整体素质大大提升，而且受旅游产业转型的影响，有相当一部分经验丰富、实力雄厚、管理先进的旅游企业开始参与到乡村旅游的开发和经营管理过程中来。

8.3 乡村旅游模式的主要类型

在统筹城乡经济社会发展中发展乡村旅游，既要正确地分析乡村社区参与旅游的主要利益相关者及其诉求关系，从而切实保证乡村社区的利益和乡村地区的和谐发展；又要保证资源的可持续发展，以保证农村地区和乡村旅游业的生态化发展。因此，广大农村地区可以依据自身的资源条件、经济发展状况、经营管理能力等，选择具体的类型，本部分选择典型的案例，对城乡统筹发展中乡村旅游模式的三种主要类型进行总结。

8.3.1 基于利益相关者的多方合作模式——以蓬莱南王山谷为例

基于利益相关者的多方合作模式是指在乡村旅游发展中，以利益相关者理论为指导，综合考虑土地流转、投融资、利益分配等多方面的因素，建立科学合理的合作机制，将乡村旅游的各参与方有效融合在一起，充分发挥合作的协同效用，以克服乡村旅游发展中的资金、人才、管理等各方面的问题，从而实现乡村资源的多元化和最大化利用、农村地区产业的高效发展，以及当地社区和居民经济社会状况的有效改善，最终实现城乡协调发展的一种乡村旅游发展模式。

1. 案例地介绍

南王山谷位于山东省蓬莱市市区东南，是蓬莱市最为著名的葡萄酒产区，由于濒临海岸，这里的低缓丘陵霜冻害较少，加上砂砾土质，通透性强，非常适宜葡萄生长。为充分发挥资源优势并延伸企业原有产业链条，中粮集团投资 6 亿元在南王山谷集中建设了葡萄种植园、酒庄、酒堡、旅游观光园、农民新社区，形成了以君顶酒庄为主的集葡萄种植、葡萄酒酿造、葡萄酒文化传播展示和旅游观光于一身，集一、二、三产业于一体的特色鲜明的专项旅游目的地，被业界称为“南王山谷模式”。南王山谷项目占地 12 平方公里，涉及南王街道、刘沟镇、大辛店镇 3 个镇街、18 个行政村和 1998 户农民。

“南王山谷模式”的成功依赖于各利益相关者的通力合作。首先，地方政府对该项目高度重视，在多方面给予了政策优惠与扶持。2006 年该项目启动，蓬莱市政府派出了专门工作组对农民土地进行价值评估，每亩地价为 15000 元～17000 元，农民自愿组成葡萄专业合作社，按评估后价格以每股 1 元折价入股，成为股东。其次，农民入股后的土地由中粮集团统一规划，按照“入股社员优先”的原则，实行土地再分配，划片经营、责任到户，农民按照与中粮集团签订的合同，统一技术标准和操作规程，统一资源供应，统一生产并提供产品和服务。其他农民经过企业培训，可优先被录用为企业的正式员工，在酒庄、会所酒店、观光园上班。再者，为应对自然灾害和市场风险，企业和农户还共同建立了风险基金，企业把销售收入的 0.5%划拨出来作为风险基金，农户每耕种一亩土地，也拿出 60 元作为风险抵押金，双方共同承担风险。这样，农民既获得了入股土地资本收益，还获得了土地经营收益，农民人均纯收入由原来的 4000 元增加到现在的 8000 元；企业以入股方式获得了土地经营权，不仅降低了初期获得土地的成本，还实现了规模化生产，提高了劳动生产率，仅高端葡萄酒一项就实现利税 2 亿元；合作社致力于新农村社区建设，依托中粮集团，通过整体规划、多村整合，对原社区按城市社区模式进行改造，将涉及区域内的 18 个行政村的农户进行整体搬迁，并一并解决社区内居民的医疗、养老等社会保障问题，凡年满 60 周岁的居民，每人每年由合作社发给 1200 元的养老金，享受农村合作医疗待遇。

2. 主要利益相关者合作现状

南王山谷项目对当地政府、社区、企业及居民都产生了重要的影响，各利益相关者在目前的合作框架下，发挥着各自的作用和资源优势，在不损害其他利益相关者利益的前提下追求着各自的最大利益，其合作状况如表 8-1 所示。

表 8-1　南王山谷项目利益相关者合作状况

合作领域	主要合作者	合作者的作用和措施
葡萄观光园种植	政府+企业+社区+农民	政府制定政策，进行公共资源的价值评估；企业统一规划，提供技术支持，培训农民，标准化种植，统一收购；社区以合作社的形式将土地承包权流转给企业，协调农民与企业的矛盾；农民出让土地使用权，提供劳动力。
宣传促销	政府+企业+社区	政府在目的地整体推介活动中重点推介，举办或授权举办节事活动和会议宣传推广；企业依靠集团影响力扩大宣传，树立形象，通过广告等方式直接宣传促销各种旅游产品；社区举办节庆活动或公益活动进行宣传推广。
资源开发及经营管理	政府+企业+社区+农民	政府协助企业、社区制定发展规划，进行基础设施建设，采取各项措施培育葡萄酒旅游产业集群；企业投资进行旅游相关设施和景点景区建设，开发、设计并组合产品，对各经营实体进行管理；社区参与企业制定相关规划及决策，为企业提供一定的资源；农民提供劳动力和部分原材料，参与社区规划和一定的企业经营管理，监督企业行为。
社区建设	政府+企业+社区	政府制定社区发展规划；企业出资对开发区域内村庄进行搬迁、对社区基础设施和村容进行改造，解决社区居民的医疗、养老等基本问题；社区建立管理制度和规范，负责社区日常管理工作。

其中，政府作为农村公共资源的代表，拥有各项行政权力，在以各项政策、优惠促成并推动合作的同时，实现了农村的产业融合，促进了农村的产业升级与转型，保证了农村可持续发展；企业通过社区及其合作社，以土地入股的方式获得土地的使用权，以支付工资的方式获得劳动力，最终实现利润最大化；社区借助政府的支持和企业的资金实力及广泛的社会关系等，实现了社区的重新规划建设，形成了科学合理的社会保障体系；农民以

土地使用权和自身劳动力为代价，提高了收入水平，改善了生活条件。

3. “企业+政府+社区+农户”多方合作模式的构建

（1）利益相关者的诉求分析

乡村社区参与旅游，实质上就是通过利益纽带将多方联系在一起的一个利益综合体。在南王山谷的旅游开发中，其主要利益相关者为实现共赢，形成了当前“企业+政府+社区+农户”多方比较稳定的合作，各利益相关者的主要利益诉求如图 8-3 所示。

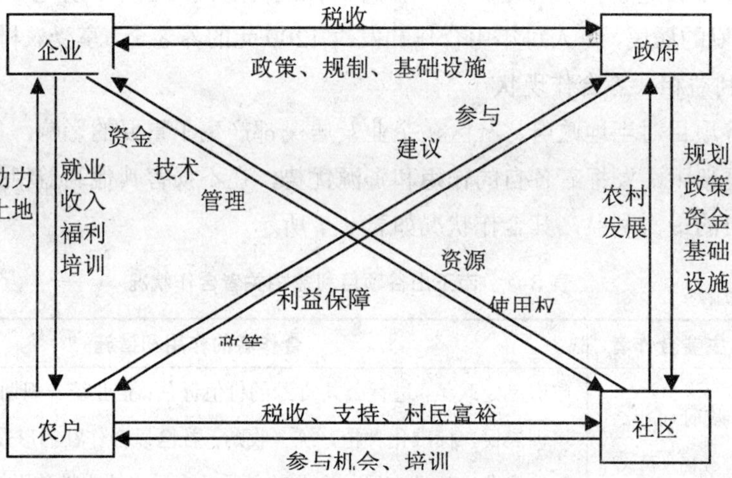

图 8-3 乡村社区参与旅游开发的主要相关利益者及诉求分析

①企业。参与乡村旅游开发的企业可分为两类：一类是乡村社区居民或集体组织自有企业；另一类是外来企业。在“南王山谷模式”中，企业的类型属于后者。无论是哪类企业，其首要目标都是在获得社区集体组织、居民支持的基础上，以一定的方式获得资源尤其是土地的开发使用权，同时要求政府给予统一的宣传推广、一定的优惠政策和配套的基础设施，从而实现利润最大化。

②政府。当地政府作为公共利益的代表，是农村公共资源的最大整合和调配者，其利益诉求主要为：通过发展旅游，带动农村相关产业的发展，以增加财政收入，创造更多的就业机会，从而促进新农村建设和农村的可持续发展；通过旅游及相关企业的发展，塑造形象，提升目的地的知名度。

③社区。乡村社区及其集体组织是社区整体利益的代表，其利益诉求主要包括：为了保证农村及旅游业的可持续发展，要求当地政府提供合理规划及有利政策，给予直接的资金和技术扶持，配备较完善的基础设施；要求企业及社区居民合理开发并有力保护旅游资源，要求产业链尽量本地化；作为直接的参与方，要求在一定范围内为企业、社区居民提供产品和服务而获得利润。

④农户。可分为直接参与旅游和不直接参与旅游的农户两部分，他们的利益诉求要区分对待。前者包括旅游的直接经营者、旅游产品原材料的提供者及其他旅游从业者，他们

要求政府及社区为其提供各种优惠政策、多样化的培训及与外界交流的机会；要求企业为其提供更高的职位，进一步提高其收入水平；希望为企业提供更多的原材料、产品及服务等。后者指除了前者以外的广大社区居民，他们不直接参与旅游活动的经营管理，要求企业增加更多的就业机会，要求政府及社区进一步改善基础设施，要求企业不破坏当地自然、生态、文化环境，不影响其正常生活。

（2）土地流转机制的设计与运行

在乡村旅游的发展中，土地的合法有序流转是前提。案例中，中粮入驻南王山谷后，按照“平等、自愿、有偿”的原则，引导农民将土地承包经营权作为股权，不仅突破了原有土地规模化流转经营的瓶颈，而且承认和保护农民因土地使用权而产生的土地权益，解决了农民的可持续生计问题。因此，构建“企业+政府+社区+农户”的乡村旅游发展模式，应该借鉴“南王山谷模式”的做法，在满足各利益相关者诉求的基础上，以不改变农民土地经营权属性和保障农户的切实利益为前提，建立合法合理的农村土地流转机制，具体可考虑如下做法：

第一，政府成立或指定专门土地评估部门，按照透明、公开、公正的原则，科学评估农村土地价值，并根据《中华人民共和国农村土地承包法》的有关规定，联合当地社区及其集体组织，形成符合当地实际情况的农村土地承包经营权流转《合同书》。第二，企业坚持“依法、自愿、有偿”的原则，与带地农民签订《合同书》，并按照评估后的土地质级及评估价值折算股金入股，企业每年按股权数支付定期股息和分红。第三，获得土地经营权的企业在土地耕作和使用过程中，要优先使用参与土地流转的农民，并提供一定的技术指导和培训，同时在旅游开发过程中要保证优先培训并录用当地富余劳动力。第四，土地流转后，承包企业要按照当地产业发展规划和社区要求，对流转后的土地进行统一规划、整理，改善生产条件，配备开发相关的设施设备。第五，当地政府要联合社区及其集体组织，建立相应的规章制度，对资产评估、流转审批、农民权益维护、业主资格审查等方面进行规范化管理，并对土地流转过程中的各利益相关者的行为进行有效监督。

（3）投融资机制的设计与运行

农村较城市而言，经济发展往往落后很多，因此资金短缺是突出问题。在“企业+政府+社区+农户”模式中，当地政府用于旅游投资的能力有限，为减轻政府资金压力，同时避免政府主导投资下的多头管理、活力不强等问题，应借鉴案例中的做法，采取以企业为主导、四方合作的投融资机制（见表 8-2）。

表 8-2　“企业+政府+社区+农户”模式中利益相关者投融资状况

投融资主体	主要投资项目及用途	项目特点
企业	土地流转、农业及工业生产投入、旅游项目及旅游配套设施建设、农村社会保障投入	经营性项目和部分基础性项目
政府	基础设施建设、目的地营销、农村社会保障投入	基础性项目
社区	社区附属设施建设、部分旅游项目、社区公共管理	基础性项目和一些合作经营性项目
农户	土地经营权入股、小型旅游经营实体建设	小型经营性项目及服务

由表 8-2 可知，企业作为出资主体，首先需要支付农民入股土地的股息及分红，其次要支付旅游开发经营过程中各种经营实体、项目、设施设备的所需资金，并提供土地统一规划、技术引进、农民培训、社区社会保障等的部分资金；政府一方面可将国有土地使用权以入股的方式投资，另一方面需要提供旅游开发中诸如水、电、路等基础设施建设所需资金和目的地统一宣传推广的营销费用，以及农村旅游产业规划、农民培训、社区医疗和养老等社会保障的部分资金；社区可以以集体所有的公共资源入股投资，也可以直接投入集体闲散资金，建设社区相关附属设施，并与企业共同进行相关项目的开发、经营；农户以土地经营权折价的方式投资，具有经济条件的部分农户也可以投入自有资金，参与一些文化、民俗类旅游项目，建立小型的家庭旅馆、工艺品商店、旅游中介部门和服务部门等私营机构。

（4）利益分配机制的设计与运行

科学合理的利益分配机制是构建“企业+政府+社区+农户”模式的合作前提，依据谁投资谁受益的原则，作为投资主体，企业在利益分配中处于主导地位，获得主要投资收益，其他三方作为土地、公共资源、劳动力的主要投入方，也将获得相应收益，具体方式如表 8-3 所示。

表 8-3 “企业+政府+社区+农户”模式中利益相关者利益获取方式

利益方	获取利益的主要方式
企业	景区门票收入、农业生产分红、工业生产收入、合作经营项目分红、旅游经营项目收入
政府	税收、旅游区门票收入
社区	旅游区门票收入、合作经营项目分红、社区公共资源入股分红
农户	土地入股分红、农产品收入、工资、小型旅游经营实体的商业性收入、养老金、医疗保险、子女教育费用、社区集体分红

由表 8-3 可知，在该机制中，企业、社区和部分农户独立投资部分，各获得独立经营全部收入；企业和社区合作经营项目，依据约定比例双方分配经营收入；土地流转中，农民以土地入股企业的农业生产，需按各自所占股份对农业生产所得进行分红；旅游区建设中，企业投入资金，政府和社区投入相应公共资源和基础设施，按约定比例获得相应的门票收入。

4. 模式的意义与进步性

“南王山谷模式”采用以企业为主体，政府、社区、农民主动参与的开发经营方式，充分发挥了旅游业在农村产业转型及新农村建设中的作用，其意义和进步性体现在如下方面：

（1）形成了农民和企业的双赢共同体

在南王山谷的经营模式中，烟台中粮与农户紧密地联系在一起，一方面，农户将土地入股后获得分红收益，部分农户参与葡萄种植，企业以保护价收购葡萄，部分农户经培训后成为企业工人，获得工资收入，其他农户也在旅游业及产业融合发展中以各种方式受益，农民收入大幅度增加；另一方面，中粮通过整合土地建设自有基地和酒庄、酒堡、会所酒店及其他旅游相关设施，不仅带来了稳定的旅游收益，而且其原有工业收益也有了很大提高。

（2）明确并规范了政府职能

通过合作，政府从传统乡村旅游开发中圈地、出资、负责运营与管理的职责中脱离出来，转变到进行统一规划和实行监管，以及促进产业与社区发展、服务企业与社区、对外联络等宏观管理职能上来，既有效地实现了政企分开，又保证了旅游业及农村的可持续发展，同时控制了企业盲目追求经济利益的短期行为对社区的负面影响。

（3）实现了农村产业转型与升级

“南王山谷模式”将当地产业集群建设、社区建设和旅游业发展结合在一起，依托葡萄种植和葡萄酒酿造，建设葡萄酒庄、酒堡、地下酒窖、会所酒店和各种休闲娱乐设施，推出葡萄园观光、山地生态、葡萄酒文化、高端商务度假等各项旅游产品，实现了农业、工业、旅游业的有机结合和对接，促进了农村传统农业的转型与升级。

（4）促进了社区和新农村建设

在政府政策支持下，南王山谷采取市场化的运作形式，引导企业依靠自己的财力集中投入农村新社区建设和农民的保障体系建设，不仅改变了原来村庄分散、资源浪费的结构布局，而且解决了农民的养老、医疗等后顾之忧，为政府支持、社会投入、农民参与合力建设新农村提供了范例。

8.3.2 基于自然生态系统的生态化发展模式——以长岛“渔家乐”项目为例

生态化发展模式是指在乡村旅游发展中，按照自然生态系统的运行机理，将乡村自然、社会、经济、文化作为一个大系统，通过调整乡村旅游系统要素以增强该系统的生产能力和稳定性，促进系统的健康发展，从而达到保护乡村资源环境、改善当地社区及居民经济社会状况的目的，最终实现城乡统筹协调发展的一种乡村旅游发展模式。

1. 案例地介绍

长岛县位于胶东半岛和辽东半岛之间，黄海、渤海交汇处，南临烟台，北倚大连，西靠京津，东与韩国、日本隔海相望。长岛县由 32 个岛屿组成，历称庙岛群岛，海岸线长 146 公里，气候冬暖夏凉，年平均气温 11.9℃，森林覆盖率 53.2%，是候鸟迁徙的重要海上通道。长岛县农业发达，尤其以水产养殖最为著名，出产多种珍稀海产品，由于地处海岛，工业发展相对较差，近些年来依托本地自然资源和民俗文化，长岛旅游业获得长足发展，成为居民增收的新兴产业。

长岛自然旅游资源和人文旅游资源品质较高，是国家级自然保护区、风景名胜区、森林公园、地质公园和海豹自然保护区，是中国北方海洋文化的典型代表，拥有上百年的渔俗文化、上千年的妈祖文化、上万年的史前文化、上亿年的地质文化，先后荣获全国首批可持续发展先进示范区、中国旅游强县、中国绿色名县、中国优秀生态旅游县等称号。长岛由于地近蓬莱，受到八仙文化的波及，加上良好的自然环境，有“海上仙山”的美称。随着旅游业的发展，长岛已成为我国北方十分重要的海岛型旅游目的地。

长岛“渔家乐”项目起源于上世纪末，经过短暂的业户自发发展之后很快得到政府的重视，由长岛县旅游局制定了“渔家乐”管理办法，对“渔家乐”旅游项目的申办条件、经营管理、软硬件建设、管理体制、接待及违规处理等方面进行了详细的规定。长岛“渔家乐”现已扩展到16个村，接待床位在1万张以上，形成了政府宏观调控，旅游局行业管理，乡（镇）、村、户垂直运作的“渔家乐”经营项目，不仅很好地满足了游客体验渔家风情的旅游需求，解决了游客进岛旅游的食宿问题，还成为了长岛旅游的主要吸引物。目前已经注册了“渔家海上游”、“小康渔家”等商标，为“渔家乐”发展搭建了更好的平台。

2. 模式的运行

（1）打造完整的旅游产业链，带动相关产业发展

长岛县是典型的海岛县，原来依靠近海捕捞和海水养殖，随着渔业资源的减少以及水产养殖风险不断加大，产业发展需要多元化。依靠海岛资源发展海岛旅游和休闲渔业恰恰和人们的旅游需求相吻合，长岛县就以海洋美食、海洋文化为特色发展起“渔家乐”项目，形成了“吃、住、行、游、购、娱”的旅游产业链。“渔家乐”饮食以海鲜为主，对内陆游客有很大的吸引力；住宿设施依靠渔家自住房屋，营造家的氛围，和主人吃住在一起，并可交流，观察渔家生活特色；由于是海岛县，进出岛屿必须乘船，在海上交通也基本靠船，游客和大海近距离接触，往往可以得到很好的旅游体验；长岛有许多有特色的景区，海岛、海湾、礁石、森林、海洋生物等构成独特的风景，而且海上多雾，还有黄渤海分界线，众多优质的旅游资源可以很好地满足游客游览、体验、和亲近自然的需求；长岛开展“渔家乐”之后，海洋捕捞仍在开展，海水养殖品种也更加丰富，游客可以亲自到海上收获海鲜和购买干海产品，在渔家加工或是带走；娱乐主要包括“渔家海上行”和村里组织的民俗活动，“渔家海上行”包括拔蟹子笼、海钓、体验渔家劳作乐趣，而村里还会组织篝火晚会、喊渔家号子、扭渔家秧歌等体现渔家风俗民情的活动。由此可见，长岛“渔家乐”依托当地特色的生产生活以及民居民俗完善了旅游产业链，不仅对海水捕捞和海水养殖业有一定的促进作用，还和各大景区形成良性互动，形成共同发展的局面。而对游客来说，这种方式让他们对海岛生产生活有了更深程度的体验，满足了他们离开惯常环境修养身心的需要。

（2）政府统一对外营销、对内管理，打造“渔家乐”旅游品牌

乡村旅游在全国各地以自发发展为主要方式，长岛县较早地对“渔家乐”进行政府主导，这种发展模式对提升当地旅游品牌起到了至关重要的作用。政府主导主要体现在县、乡（镇）两级政府分别成立了“渔家乐”管理办公室和旅游管理委员会，规范、指导和扶持“渔家乐”发展。为培植“渔家乐”品牌，政府每年都拿出专项促销经费，制作宣传片，设计统一标识，充分利用各类媒体，举办相关节会，宣传长岛旅游及“渔家乐”，打造旅游品牌，另外还专门开办了长岛渔家乐网站，对“渔家乐”进行统一推介和宣传。对内政府出台一系列法规政策规范“渔家乐”发展，县乡两级政府和村“渔家乐”管理办公室有效衔接，对业户进行三级垂直管理，达到规定标准才准许挂牌经营，在经营过程中也经常进

行检查、指导和规范，并进行游客满意度调查，及时处理游客投诉。政府还对“渔家乐”进行A级评定和“小康渔家”的评选，游客可以根据标识进行选择。现在，长岛成为北方知名的休闲渔业旅游目的地，这种规范化的发展模式也为业界和学术界所称道。

（3）业户公平竞争，社区统一服务，业户自主经营

在“渔家乐”发展之初，有些渔村也曾经有过统一分配游客、统一结算的时期，但经过一个阶段发展之后，“渔家乐”最终形成了统一管理、业户自主经营的模式。业户是否具有依靠自身招徕游客顺利开展旅游的能力呢？由于对外宣传促销对业户来说是公平的，因此拥有良好的口碑需要业户自己的努力，如果游客获得了满意的服务，他们就会介绍亲朋好友前来，还可以在渔家乐网站上发表评论，这就会影响其他游客的选择，这种类似于大自然“优胜劣汰”的模式会促进业户提高服务质量，保证自身生存发展。业户可以有能力经营游客吃饭和住宿产品，但一些公共服务需要社区统一提供，主要由村委会负责，如车辆安全问题、游客登记和贵重物品保管，对业户指导、服务和费用结算，统一购买保险、缴税、代开发票，以及游客满意度调查和纠纷处理，并统一组织娱乐活动。社区统一服务补充了业户自身经营的缺陷，并且社区要和业户签订经营协议，规范其经营行为。在这种模式下，社区间居民也可以合作，一种是有些业户经营十分成功，游客较多，他们会选择介绍给邻居，这些业户有时也会帮助邻居开办“渔家乐”，一些未开办“渔家乐”的社区居民也会选择到业户家帮忙；另一种是整个社区合作开发景区或是组织民俗活动。这种社区内竞争、分工和合作的方式在一定程度上可以保证“渔家乐”的质量和规范，保证游客权益。

3. 模式的意义及进步性

长岛“渔家乐”整合了各种自然资源、产业资源和社区资源，在政府、社区和业户的合作基础上，统一对外促销推介，对内实行规范化管理，形成品牌优势，完善了旅游产业链。这种模式促进了县域经济转型，在一系列规划指导下，城区加大了交通、供热、亮化、综合整治等工作力度，城市环境得到进一步改善；并且投入巨额资金启动新渔村建设，改善了各岛村落的交通、通信、供电等基础设施。同时，通过发展“渔家乐”项目，增加了渔民收入，转移了农村剩余劳动力，有效地推动了城乡统筹发展，城乡教育、医疗、文化等多个方面都得到了进一步提升。

8.3.3　乡村旅游专业合作社发展模式——以莱芜房干村为例

乡村旅游专业合作社发展模式是指在乡村旅游发展中，以村集体为基础建立专业合作社，将分散经营的农民组织起来，实行统一管理，以实现乡村旅游资源的整合开发、乡村旅游经济规模的壮大、乡村旅游管理水平的提高和农民收入的提高，最终实现城乡协调发展的一种乡村旅游发展模式。

1. 案例地介绍

房干村，位于山东省莱芜市西北部鹿野乡，被誉为“中华生态第一村”。房干村现有188户、578口人、耕地508亩、流域面积15平方公里。整个山村被绿色环抱，森林植被覆盖面积达90%，被国际环保专家誉为“绿色天堂”，有“山区明珠”、“中华生态第一村”

之美誉。房干村自1998年开始投资开发的房干生态景区，已累计投资2亿多元，硬化道路40多公里，现已形成九龙大峡谷、金泰山、梦幻情人谷等十大旅游景区。房干生态景区于2001年被评选为“山东省十大新景点”，2004年被评为“全国农业旅游示范点”，房干村2006年被评为“山东省十大名村”。现年接待游客超过50万人次，旅游收入2800万元，农民收入的80%来自旅游业。2009年3月，房干村成立乡村专业合作社，成功构建“村委＋企业＋合作社”三位一体的乡村旅游发展模式。

2. 模式的运行

2001年房干村成为山东省农村干部培训基地，由于村办企业鹿鸣山庄接待能力有限，部分村干部及村民利用自有民房，开始了最初的“农家乐”接待。随着乡村旅游的蓬勃发展，旅游业逐渐成为房干村的支柱产业，除了“农家乐”外，村委投资建成了房干生态旅游风景区，重建了鹿鸣山庄宾馆。2009年3月，房干村成立乡村旅游专业合作社，本着自愿原则，合作社共有10户农民入社，注册资金10万元，其他非入社农户主要为景区、鹿鸣山庄及其他村办企业提供劳动力。

房干村乡村旅游专业合作社的主要功能包括：第一，积极争取政府补贴，用于房干村基础设施及旅游设施的建设与改造；第二，统一为游客开具发票；第三，定期就礼仪、客房打扫、游客接待等方面展开培训；第四，统一接待标准，保证旅游接待质量，但考虑到房干村有近10年的乡村旅游发展基础条件，全村农民基本都直接或间接参与乡村旅游，因此为充分发挥各入社农户的自主性，在餐饮方面不统一菜单、菜品及价格；第五，制定了完善的《房干村乡村旅游专业合作社管理制度》，统一分配客源，统一进行日常管理。同时，合作社有严格的管理和奖惩机制：私自接待1次，停业整顿；私自接待三次以上，取消社员资格；对所有入社社员实行星级评比和挂牌制度，按照价格相同、星级不同的原则，服务好星级就高，就可以享有客源的优先分配权。

3. 模式的进步性

（1）保证了乡村旅游的品质

要提高乡村旅游的竞争力，必须提高其产品质量和服务质量。首先，在村集体组织基础上成立的合作社，更加强调环境保护的正外部性，持续投资村内和景区内的基础设施建设和环境保护工作，通过修路、建桥、植树等切实改善了生态环境和旅游条件；其次，合作社对入社成员统一服务标准，并对从事不同旅游项目的农民进行专业化培训，从而提高了从业者的服务技能和服务水平。

（2）保证了乡村旅游市场的有序性

通过建立乡村旅游专业合作社，一方面可以将分散的农户形成利益共同体，根据入社农户的自身状况，进行合理分工，充分发挥农户的专长，使其从事餐饮、住宿等不同业态的工作，有效避免恶性竞争；另一方面，通过合作社统一对外宣传，统一对内管理，形成的统一价格和接待标准，可以保证乡村旅游的市场秩序。

（3）减少农民投入，分散市场风险

乡村旅游的开发中，农民和社区利益的保障是关键。乡村旅游专业合作社的建立，形成了“合作社+农户”利益共同体，合作社可以对社员的土地进行统一规划、统一管理，不仅实现了农村土地的规模化经营管理，还可以最大限度地减少乡村旅游产品及其他农副产品从生产到销售的中间环节，提高流动效率，节约时间和资金成本，从而减少农民投入；同时，乡村旅游的产业化和规模化发展可以允许合作社将所得收益的一定比例投资于更多领域，从而分散旅游业固有风险。

第九章　乡村旅游模式实施中要注意的问题

在城乡统筹和新农村建设这一特殊的时空背景下，乡村旅游的发展不可能一路坦途、一帆风顺，在产品开发、市场推广、经营管理和服务质量、人才支持等各环节都存在或可能出现不尽如人意的现象。因此，要实现乡村旅游的可持续发展并充分发挥乡村旅游在新农村建设中的特殊作用，必须要对以下问题有清楚的认识，通盘考虑，并采取相应的对策：

9.1　乡村旅游与城市、城郊旅游联动发展问题

城乡统筹发展不是城乡均衡发展，在现阶段仍要以城市为中心，通过城市带动乡村，从而达到城乡协调发展。因此，在现阶段城乡背景下，旅游业的发展仍要以城市旅游为主导，乡村旅游只能在可进入性好、资源有吸引力、客源有保证的部分农村选择性地开展。因此，现阶段发展乡村旅游，一方面要加强乡村旅游项目论证和专业规划；另一方面，要实现乡村旅游与城市和城郊旅游的联动发展。

9.2　乡村旅游发展与农村生态环境保护的问题

生态环境既是乡村旅游的重要资源，也是其可持续发展的前提，而且城乡统筹发展中以旅游业为切入点的原因之一也在于旅游业对环境保护的促进作用，因此，城乡统筹中乡村旅游发展模式要严格坚持科学保护、合理开发和永续利用的原则，尊重旅游发展与生态环境保护之间的内在规律，先规划、后开发。首先，广大农村地区要结合当地乡村资源特色及分布情况，争取多方建议，做好乡村旅游发展规划；其次，要发挥村集体、乡村旅游协会、社区居民及其他第三方组织的监督作用，并切实保证乡村旅游规划对乡村旅游开发的指导作用和乡村旅游开发经营行为的合理、合法进行；再次，要通过教育、培训、交流学习等多种途径，塑造当地居民的可持续发展意识和环境保护意识，减少乡村旅游开发经营中的各种盲目和短视行为；最后，通过制定和完善各项法律、法规和管理办法，严格规范乡村旅游开发和经营行为，加大对于过度开发、污染、破坏资源环境等行为的处罚力度。

9.3　乡村旅游精品工程建设问题

要保证乡村旅游的竞争力，持续发挥其在城乡统筹发展中的作用，就要不断地建设乡村旅游精品。国内外的乡村旅游发展实践也充分表明，要改变乡村旅游现有的以中心城市

及周边城镇市民为主要客源的市场格局，吸引更多的区域外游客甚至国外客源。只有走精品工程路线，如苏格兰乡村游以自然文化闻名于世，西班牙乡村的古堡文化深入人心，中国台湾更是靠浓烈的闽南文化地域特色吸引了无数国内外游客。城乡统筹中乡村旅游的发展也要通过不断打造精品项目、精品线路和精品服务，以确保乡村旅游的吸引力和竞争力。乡村旅游精品工程建设需要考虑诸多因素。

9.3.1 凸显乡村旅游特色，以特色促品牌建设

特色是旅游之魂，要提高乡村旅游的竞争力，就必须改变产品雷同的现状，突出乡村旅游产品开发的特色性。1994 年世界经合组织就指出，乡村性是乡村旅游的中心和独特卖点。因此，城乡统筹中乡村旅游的发展必须仅仅围绕“乡村性”打造其特色，避免乡村旅游中的无序发展、乡村城镇化、盲目商业化以及破坏乡村传统文化等问题。那么，乡村旅游的特色如何塑造呢？这就要求深入挖掘乡村自身的资源特色和文化内涵。当前国际上乡村旅游最发达的几个国家，都是坚持特色发展的路线。如法国以发展特色农场为主，荷兰以养殖、花卉为主，英国一直致力于乡村旅游资源保护工作，波兰的乡村旅游与生态旅游紧密结合，而匈牙利则与文化旅游紧密结合。因此，在城乡统筹中发展乡村旅游，可以借鉴各国发展经验，将乡村旅游与农业科技、农村生态环境、民风民俗等相结合，并突出体验的特征，将乡村旅游打造成以体验农耕文化和乡土传统为特色的旅游方式，在旅游者心目中树立起个性化的产品形象，以特色提升产品吸引力和竞争力，以品牌提高旅游者重游率。

9.3.2 注重人才培养，提升乡村旅游服务质量

乡村旅游精品工程的建设除了打造特色产品，还要提升乡村旅游服务质量，而当前乡村旅游的服务质量偏低除了当地硬环境方面的原因，更大程度上则是由于乡村旅游人才匮乏而带来的软环境问题。因此，城乡统筹中乡村旅游的发展，要注重人才的培养，从而提升广大农村地区的竞争力，以更快、更好地实现城乡一体化发展。当前，发展乡村旅游人才需要各类人才，包括高素质、高水平的地方旅游行政人员，乡村旅游经理人，乡村旅游经营者和服务者。但现实状况基本为：第一种人才不多，第二种人才奇缺，第三种人才从业人数多但文化素质低。这就要求必须调动各参与主体的积极性，拓宽乡村旅游人才培养思路，并灵活采取各种措施。首先，政府要高度重视，要认真贯彻《中国旅游业“十一五”人才规划》，制定相关的人才政策。其次，从两方面加强对乡村旅游的当地经营者和服务人员的培训：一是观念的培训，可以通过组织参观学习，邀请专家来评估、评价和指导甚至来乡村面授等多种方式进行，以提高从业者主动学习和自我提高素质的自觉性，提高当地农民的文明素质，增强农民的文明意识和开放意识，培养文明的思维方式、生活方式、行为方式，营造文明、和谐、有序的旅游环境。二是旅游从业人员知识和技能的培训。这既可以由政府通过积极推进农村教育综合改革，统筹安排基础教育、职业教育和成人教育来实现，也可以由相关旅游企业来进行。为调动旅游企业培训的积极性，政府可出台各种优

惠政策，如税收减免、定额补贴、技术扶持等，鼓励和支持各类旅游企业做好从业农民的岗前、岗中和岗后培训工作。三是对于乡村旅游规划人才、乡村旅游管理人才、乡村旅游经营人才等专业人才的培养，可以通过与旅游院校合作来完成。乡村旅游从业人员可分期分批地到院校去培训，系统地学习文化知识，将实践经验与理论结合起来，提高经营管理素质。而院校尤其是职业院校也可以与有实力的乡村旅游企业开展“订单式人才培养”，为农村乡村旅游的开展培养“留得住，用得上”的乡土旅游规划、管理和经营等方面人才。

另外，乡村旅游服务质量的提升离不开标准的制定与规范。各地要建立并推出乡村旅游质量标准，如《乡村旅舍等级评定与管理标准》、《农家乐餐饮服务与管理标准》、《农家乐食品安全控制标准》、《农家乐服务礼仪标准》等。

9.3.3 整体联合推进，打造乡村旅游大品牌

首先，乡村旅游的发展可以借鉴欧洲等发达国家的经验，大力推进区域内和区域间旅游合作，建立利益协调机制，统一宣传，打造乡村旅游精品。如以黄山市为主导发起成立的古徽州乡村旅游联盟，致力于打造“中国乡村旅游”第一品牌，成功举办了首届“中国乡村旅游节”，涌现出了许多像西递、宏村这样以文化和生态为特征的乡村旅游典型代表。

其次，考虑乡村旅游者中较大比例是通过网络获得相关旅游信息，因此一方面可以通过建立乡村旅游网络营销平台，密切客户关系；另一方面要建立客房预定中心，以方便游客选择和预定。在广告宣传上则可以考虑多种户外广告形式，如车体广告、车站、机场广告牌、高速公路广告牌等，不仅能降低广告成本，还可以在潜移默化中塑造乡村旅游形象，提高乡村旅游的知名度。

9.4 政府职能发挥问题

城乡统筹赋予乡村旅游新的使命和现实意义，在现阶段发挥乡村旅游的特殊作用，实现乡村旅游的良性发展，光靠市场调节不行，政府必须加强扶持和保护。对乡村旅游发展提供外部支持和动力，这是世界上的普遍做法。但政府推动不是包揽一切，而是发挥政府在规划引导、统筹协调、分类指导等方面的优势和积极作用，推动乡村旅游的整体发展。调查发现，当前乡村旅游的发展存在两个主要瓶颈：一是自有资金短缺，导致资源闲置、开发不足或者经营运转困难等不同问题；二是人才短缺，引发定位不准、设计粗糙、经营无方、管理不力等缺陷。因此，乡村旅游发展迫切需要政府在政策和技术上的大力支持，据此提出如下具体建议：

第一，目前我国广大农村地区在基础设施和配套设施建设方面远滞后于城市，在很大程度上限制了乡村旅游的接待规模和水平。因此，在一些经济落后但资源丰富，具有开发可行性的地区，政府可通过加强当地基础设施建设、组织乡村节庆活动或其他方式直接参与乡村旅游开发。对于经济相对发达的地区，政府应不断推进旅游基础设施投资主体的多元化、经营的市场化和管理的社会化。

第二，在政府工作计划中，制定倾斜性的乡村旅游发展政策。对那些特色突出但确实存在资金缺口的待开发项目，政府可利用财政、税收政策给予支持，如直接投资、提供投资奖励或贴息贷款，在发展初期实行税收减免政策等。

第三，建议由国家旅游局牵头，在现有协会组织的基础上成立乡村旅游协会，编制出台乡村旅游服务质量标准和管理办法，加强国际和国内的学术交流，协调和处理有关问题，对全国范围的乡村旅游开发进行指导和监督。

第四，发挥政府的行政管理职能，对乡村旅游发展进行合理规制，为乡村旅游提供一个公平、有序和健康的市场环境，防止旅游开发中为获取经济效益而破坏乡村生态环境或其他损害乡村可持续发展行为的发生，引导乡村旅游向特色化、集约化、区域一体化发展。

第五，针对乡村专业技术人才匮乏、经营管理水平低下等问题，政府还要考虑建立专业技术支持平台，并吸纳专家参与，对乡村旅游项目的运营给予及时的引导和指导。在农村引入先进的管理体制和管理技术，完善和规范乡村旅游的管理，如对农户实行“旅游接待许可证制度”，定期评定考核；对接待服务人员推行“上岗证”制度；借鉴星级宾馆评定办法，建立乡村旅游景点等级评定指标体系，如挂“星级牌”等，推动乡村旅游的规范化发展，真正成为解决“三农”问题和实现城乡一体化发展的一面旗帜。

第四篇　环城游憩：大力推进城乡过渡

城市化进程中，城市不断向外围扩张，使得城市周边的土地功能发生了转变，由农业转变为工业、商业、居住区及其他职能的区域，从而形成了一个过渡性特征明显的区域——城乡结合部。城乡结合部是城市与乡村之间的过渡地带，来自于城市与农村的人口、物质、技术、信息等在这里交互作用，由于同时受到城市与乡村经济的双向影响，其经济发展具有明显的多样化特点，且对城市的依附性不断加强。

环城游憩模式是城乡统筹中发展旅游业的一种特殊模式，往往是在土地租金和出行成本双重力量的作用下，形成于大城市的郊区。本篇主要从环城游憩模式的内涵出发，阐述了该模式在城乡统筹发展中要解决的主要问题，系统分析了该模式的发展条件，在此基础上，重点论述了环城游憩模式的主要发展阶段和应注意的主要问题。

第十章　环城游憩发展简述与研究综述

10.1　国内城郊旅游和环城游憩的研究现状

随着人均可自由支配收入的提高以及国家带薪休假制度的推进，城乡居民的旅游需求出现了从远距离观光游览向近距离休闲游憩的转变，短途游憩正成为旅游业发展中一种新兴业态。在这种背景下，处于城市与乡村结合带的城郊地区成为国内旅游尤其是假日旅游的热点区域，城郊旅游蓬勃发展。环城游憩带（ReBAM）是城郊旅游发展到一定阶段后，向规模化发展的较高形式。国内关于城郊旅游和环城游憩的研究起步于20世纪90年代，以关键词“ReBAM”、“环城游憩”或者“城郊旅游”为检索式在中国学术期刊网络出版总库进行检索，发现截至2011年底，国内共发表有关“城郊旅游”和“环城游憩”的论文123篇，其中核心期刊42篇，CSSCI收录21篇，各年度发表论文情况详见表10-1。

由表10-1可知，截至2011年底，国内关于城郊旅游和环城游憩的论文总共才123篇（总量上相当于2006年城市旅游的研究成果、乡村旅游研究的1/2），2003年以前累加起来的成果仅有13篇，2004～2011年期间成果数量也基本稳定在15篇左右。因此，与城市旅游、乡村旅游相比，国内关于城郊旅游的研究不仅在数量上相差甚远，增幅上也大大落后。造成这种现象的原因主要在于：第一，我国长期以来的城乡二元经济结构，导致学者们在旅游发展的研究上或者偏重于城市，或者倾向于农村，尤其在城乡统筹提出之后，乡村旅游的研究更是吸引了学者们的研究兴趣。第二，作为城市环境向农村环境转换的过渡地带，"城郊"在学理上往往难以准确和清晰地界定。光是地理学者们就提出了"城市边缘"、"乡村—城市边缘带"、"城乡结合部"、"城市影响区"、"城乡交错带"等多种表述。这种多元化的表述方式，导致学者们在研究对象的界定上难以寻找到准确的切入点，在研究内容与方法的选择上也无法突破城市旅游和乡村旅游的范畴。

表 10–1 截至 2011 年底国内以"ReBAM"或者"环城游憩"、"城郊旅游"为关键词的文献年度数量分布

年度	发表论文总数	核心期刊论文数量	CSSCI 收录论文数量	年度	发表论文总数	核心期刊论文数量	CSSCI 收录论文数量
2003 以前	13	4	1	2008	12	5	4
2004	14	1	2	2009	15	4	3
2005	14	2	1	2010	15	8	1
2006	15	7	4	2011	17	7	2
2007	17	4	3				
总计	共 123 篇，其中核心期刊 42 篇，CSSCI 收录 21 篇						

注：核心期刊论文数量以及 CSSCI 收录论文数量均按网络检索结果计数，未考虑部分期刊已被《中文核心期刊目录》（2008、2011 版）和《中文社会科学引文索引》（2008～2009、2010～2011）剔除。

通过对所检索文献的进一步分析发现，徐勤在 1991 年发表的《开发利用榆中县旅游资源，建设兰州市城郊旅游基地》是国内最早的城郊旅游研究的文章，但此后关于城郊旅游的研究重又归于沉寂。直到 1998 年，吴必虎在国内首次提出了环城游憩带的概念，并在随后提出 ReBAM 理论，对影响 ReBAM 形成的基本要素、土地利用特征和空间结构进行了系统研究，标志着城郊旅游研究在理论上得到重要进展。2001 年 6 月，首届中国环城市旅游度假带发展研讨会召开，大城市环城游憩带的发展引起了业界和学界的普遍重视。在这之后，国内城郊旅游的研究逐渐兴起，出现了一系列的研究成果。按照研究内容的差异，这些成果可归为如下几类：

1. 基础理论研究，包括城郊旅游和环城游憩的内涵（吴必虎，2001；吴承忠、韩光辉，2003；乔海燕，2007 等）、特征（石艳、何佳梅，2001；赵玉宗、张玉香，2005；翁莉，2005 等）、地位与功能（叶岱夫，1998；秦学，2003；阎逸、董峰，2004 等）。

2. 关于城郊旅游和环城游憩的问题和对策的研究成果最多，其中以刘卫东、李家虎（1998），王云才（2001），蔡冷妍（2001），赵玉宗、张玉香（2005），马瑞和刘俊清（2005），吕君、刘丽梅（2006），黄丽娟（2007），阳国亮、乔海燕（2007），刘江辉（2008），周向频、张嘉桧（2009）等的成果最具代表性。

3. 城郊旅游和环城游憩的驱动力机制研究，包括市场力因素（吴国清，1996；赵玉宗、张玉香，2005；刘丽梅、陶都，2005；吕君、刘丽梅，2006；张立明、赵黎明，2006

等)、吸引力因素（赵玉宗、张玉香，2005；刘丽梅、陶都，2005；吕君、刘丽梅，2006；刘江辉等，2008）和支持力因素（石艳、何佳梅，2001；张立明、赵黎明，2006；吕君、刘丽梅，2006）。

4. 关于城郊旅游和环城游憩的产品类型和开发模式，黄震方等（1999）认为观光农业是城郊旅游可持续发展的重要途径，并归纳了其开发内容；符全胜（1998）提出了城乡交错带(城郊)旅游开发的模式，并认为可根据距离城区的远近程度，在风景名胜区模式、主题公园模式、观光农业园模式、度假区模式、森林公园模式进行合理选择；肖胜和（1999）提出郊野公园、户外活动区、休闲度假区、农业旅游区4种开发模式；吴承忠、韩光辉(2003)在盖恩的"四环带旅游模型"的基础上，提出了海港型大都市半环带旅游模型；王云才(2003)将城郊的景观划分成11大类30种景观类型；徐玮、赵媛(2007)将南京市周边旅游地划分为现代建筑、自然观光、历史古迹、观光农业和休憩疗养5种类型；吴希冰、张立明(2007)将武汉环城游憩带内的190个旅游地划分为自然观光旅游地、人文观光旅游地、人工娱乐旅游地、休闲度假旅游地四种类型。

此外，在环城游憩带的开发方面，学者们大多采用实证研究的方法，在案例地的选择上以大中型城市为主，针对大城市如上海、北京、天津等的案例研究已经相当丰富了；针对中型城市如长沙、成都、西安、武汉、福州、南京、杭州、哈尔滨等的分析也相当系统，包括了资源分析、产品设计、市场营销等诸多方面。

10.2 基于城乡统筹背景的城郊旅游和环城游憩研究简述

国内关于城郊旅游和环城游憩的研究成果本来就少，而将其与城乡统筹结合起来的研究就更罕见了。在城市旅游和环城游憩检索结果的基础上，以"城乡统筹"为关键词在结果中进行检索，仅检索到3篇文献。其中，徐福英、马波（2005）认为在现阶段的城乡统筹中，发展城郊旅游不仅可以促进城郊经济的发展，加快郊区的城市化进程，更为重要的是可以同时吸纳城市和农村的富余劳动力,成为城市带动效应向农村扩散的过渡和桥梁。徐福英、刘涛（2007）认为作为城乡统筹中旅游业发展的三种模式之一，环城游憩最大的作用在于推动城乡过渡。同时，他们也指出环城游憩不可能成为城乡统筹中旅游业的主导发展模式，只能在土地租金和出行成本的双重作用下,形成于经济较发达的大城市的城郊地区。而在我国当前城乡整体框架下，环城游憩的构建要分为三个阶段：最初以相对独立的过渡地带形式存在；其次，演变为城市旅游体系的重要组成部分；最后，郊区城市化，过渡性特征消失，环城游憩成为城市体系的组成部分。陈麦池等（2011）认为在城乡统筹背景下，环城游憩带的规划、建设和运作应当成为实现乡村旅游可持续发展的方向。

此外，唐秀丽等(2006)指出小城镇旅游产品开发对推动城乡统筹发展具有重要作用，并结合城乡实际，针对产品开发中存在的问题提出了具体对策。周庆博（2007）立足青岛市城乡统筹背景，对其环城游憩带的范围、空间布局与规划、旅游资源、交通、主要景点以及建设中存在的问题等进行了详细分析，并据此提出了发展对策。周丽霞（2010）指出旅游小城镇是城乡统筹中旅游业发展的有效模式，并以遂宁市龙凤古镇为例，探讨了旅游小城镇资源开发的六种类型以及资源型、依托型和综合型三种开发模式。王文辉等（2011）对城乡统筹中云南丽江古城建设旅游小城镇的经验进行了描述和归纳。李俊娜（2011）在分析长春市旅游资源、经济、交通的基础上，对城乡统筹背景下，长春市环城游憩带的开发进行了对策研究。肖飞（2011）认为建设城市周边的卫星村镇是发挥旅游在城乡统筹中特殊作用的关键，并探讨了旅游卫星村镇建设中应注意的相关问题，如政府职能发挥、村民参与、特色化与休闲化等。

10.3　结论与展望

综上所述，国内对城郊旅游和环城游憩的研究主要可归为如下几点特征：第一，基础理论研究薄弱，无论对于城郊旅游还是环城游憩，学界仍未形成系统的概念体系、理论框架和研究方法，对城市规划学、生态学、社会学，特别是现代休闲理论和闲暇游憩学的理论成果吸收不够。第二，城郊旅游和环城游憩的开发规划是近年来的研究热点，一般针对某一具体城市展开实证研究，而且以大中城市为主，缺少对小城市和小城镇环城游憩的研究，更缺少城市之间的比较研究和共性研究。第三，把环城游憩带的开发规划孤立起来进行，没有将其融入到城市旅游、城郊旅游、乡村旅游的大范围和城乡统筹的大背景中综合考虑。第四，在为数不多的将城乡统筹与城市旅游或环城游憩结合起来的成果中，也多属投入理解式的对策研究，政策意义远大于其理论价值。

鉴于此，从城乡统筹的角度系统研究旅游对城市郊区这一城乡过渡地带的影响，探索既有一般指导意义又有可操作性的环城游憩（城郊旅游）开发模式，探讨城郊旅游规划与城市旅游规划以及城市、城郊和乡村总体规划等之间的关系，应成为今后研究的重点。

第十一章　环城游憩模式

11.1　环城游憩模式的基本内涵

环城游憩模式，指的是形成于大城市郊区，以中心城市居民为基本服务对象，以城市外围乡村社区为活动区域，以大都市游憩者的行为为依据，以大都市城乡旅游市场整合为目的，以休闲度假为主要功能，以自然环境和乡村文化为空间特色的联系城市和广大农村的旅游综合体。该模式可用图 11-1 简单表示，其中 a 表示中心城市出游的旅游者流；b 表示中心城市向环城游憩带扩散的技术流；c 表示中心城市向环城游憩带扩散的资金流；d 表示中心城市对环城游憩带的诸如文化、信息等的扩散作用；A 表示伴随着环城游憩带的不断扩展及城市化，形成的从城郊到广大农村旅游目的地的旅游者流；B 表示广大农村向环城游憩带转移的劳动力；C 表示流入环城游憩带及中心城市的农产品；D 表示环城游憩带向广大农村的其他综合扩散作用，包括经济、社会、文化等方方面面。

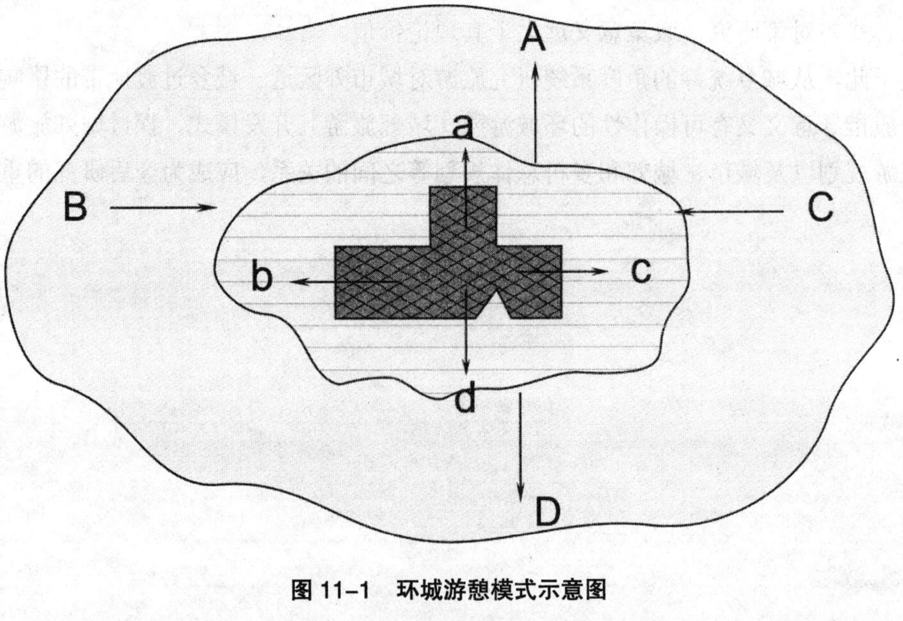

图 11-1　环城游憩模式示意图

11.2 环城游憩模式的构建

11.2.1 要解决的主要问题

环城游憩模式是城乡统筹中发展旅游业较为特殊的一种模式，往往是在土地租金和出行成本双重力量的作用下，形成于大城市的城郊地区。它的提出和建设，既符合经济产业布局优化规律，也蕴含着对生居质量和社会文化进步的追求，具有经济和社会双重意义，且在很大程度上社会意义更加突出。

统筹城乡经济社会协调发展，从产业经济学意义上讲就是要促进城市、城郊和乡村中各有侧重的产业经济活动的合理分工和空间配置，从而形成相互呼应的产业链条，而城郊独特的区位条件决定其在城乡产业链的构建与优化中具有十分重要的过渡和中转地位。旅游业作为第三产业的龙头，近年来在很多大城市的郊区发展很快，其综合性强、关联带动性大以及劳动力吸纳能力强等特点有利于解决郊区发展过程中出现的很多问题，奠定了其在郊区发展中的产业地位。通过在大城市郊区建立环城游憩型旅游业发展模式，大力发展城郊旅游，可以充分发挥其就业吸纳能力，解决郊区发展过程中大量农民因失地而面临的困境，使其获得“离土不离乡”的可持续发展的生计；带动城郊相关产业的发展，增大城郊第三产业的比重，促进郊区产业结构向高级化发展；为城市居民提供休闲、游憩以及短期度假的去处，缓冲其日常生活中的压力，提高生居质量等。更为重要的是，在现有城乡背景下，发展环城游憩，可以借助城郊的特殊经济区位，较好地整合城乡经济资源，延伸和拓展城乡的产业链条，打破城乡两套封闭经济体系独自运行的局面，加强其内在的经济社会联系与交流，从而有效缩小城乡差别。因此，促进郊区产业结构向高级化发展，并借助城郊独特的经济和地理区位，大力推进城乡产业过渡、转移和融合是环城游憩模式要解决的主要问题。

11.2.2 发展条件分析

现阶段，很多大城市的规模和经济实力不断增强，并以惊人的速度继续扩张，城市周边地区旅游资源较为丰富，且具备一定基础的点（群）和便捷的交通体系，构建环城游憩模式，发展城郊旅游，可谓恰逢其时，已经具备了多方面的条件。

1. 城郊自身的资源、区位等条件

与城市居民日常生活的都市相比，很多城市郊区拥有良好的生态环境、优美的自然和人文景观、多姿多彩的民族文化风情，可以为城市居民提供一种贴近自然、清新宜人的新环境，使城市居民摆脱城市的喧嚣和工作压力。而且，郊区是城市与农村之间的过渡地带，良好的区位优势使其获得了较快的发展，较早地接受了所依托城市的经济、产业等辐射，具备了一定规模的基础设施，交通、通讯体系发展良好，为环城游憩模式的建立和发展奠定了基础条件。

2. 都市居民休闲游憩的需求

伴随着经济的发展，城市化进程的加速，城市问题也不断加剧，导致城市生活环境不断恶化。随着双休日以及“黄金周”的出现，大都市居民节假日可自由支配时间增多，并且随着人们收入水平的提高，城镇居民休闲观念逐渐转变，普遍产生了休闲游憩的需求。在近距离出行规律的作用下，这一需求集中指向都市周边地区，一些大城市如北京、上海等地区都开辟了独具特色的城郊旅游区，城郊旅游逐渐成为城市居民节假日的一种旅游方式和生活方式。

3. 投资者的投资意愿

城市居民旅游需求结构正逐步由单一的观光产品向观光、度假、休闲等系列产品转换，使得城郊旅游产品具有巨大的市场潜力，这种需求的产生必然会引起相应的供给；另外，与城市相比，城市周边地区土地资金普遍较低，投资商的资金压力相对较小，域内外各种投资主体会产生投资环城游憩模式内各行业的兴趣和意愿。

4. 统筹城乡旅游业发展的要求

长期以来，我国旅游业的发展一直以城市为主，优先发展城市旅游业，城郊和乡村旅游业发展比较落后。随着旅游者对旅游产品需求的日益多样化和旅游产业不断向纵深层次的发展，城市、城郊和乡村都有其各自的特点和旅游业发展的侧重点，大城市郊区要为所依托中心城市的居民和部分域外旅游者提供短途出游、休闲游憩的方便，这本身也是旅游业发展的内在要求，因此必须要统筹兼顾，不能顾此失彼。

5. 政府的政策支持

在统筹城乡经济社会协调发展的大趋势、大背景下，为改善城市郊区现有产业形态和产业面貌，促进郊区产业结构不断向高级化和合理化方向发展，解决郊区城市化过程中造成的农民失地等问题，营造良好的城郊发展局面，各级政府都在加快对郊区产业政策的调整，加大对郊区发展的政策倾斜，加强对郊区各产业发展的资金扶持力度，为郊区的产业发展营造了良好的政策环境，这将成为构筑环城游憩模式的又一动力。

但由于环城游憩的主要客源是利用节假日、周末等闲暇时间到郊区观光、度假、康体疗养和参加节庆等周边城市的居民，市场容量小，且季节性强、停留时间短、人均花费低，这决定了其不能作为现阶段城乡统筹中旅游业发展的主导模式，只能有选择地形成于经济较发达的大城市郊区。

11.2.3 开发类型的选择

环城游憩模式在城乡统筹发展中具有特殊的经济、社会和环境作用，不仅是城市和乡村产业发展的衔接和过渡区，也是社会文化的交融区，更为关键地是它能够通过旅游业的产业关联、辐射等，切实解决当前广大城郊地区普遍存在的生态环境、经济矛盾、社会管理方面的众多问题，更好地促进城市对乡村的带动，改善城市居民的生活品质。当然，环城游憩模式中，除了要了解旅游业在解决城乡社会、经济、文化问题中的特殊作用，明确其发展所具备的具体条件，还必须要选择并确定其发展的具体类型和开发的主要内容。

综合考虑城郊地区的资源状况和发育水平、中心城市的旅游发展战略和毗邻农村地区的资源条件和经济发展水平等，环城游憩模式中可以选择景区、森林公园、旅游度假区、主题公园、乡村旅游等具体的旅游业发展类型。

1. 风景名胜区和森林公园

城市郊区有独特的自然或文化景观，如资源条件较好的山体、水域等，可以选择风景名胜区或者森林公园为环城游憩发展的主要类型。在这一类型的具体开发中，要从整体区域内中心城市、城郊和广大农村的实际出发，严格按照国家对自然资源和生态环境保护的实际要求，充分考虑城乡发展要求及中心城市居民的基本需求情况，依托景区或森林公园来配备餐饮、住宿、休闲、娱乐等旅游设施。

2. 旅游度假区

城郊地区基础设施齐备、生态环境优美，中心城市旅游业发育程度较高，且以度假旅游为主要发展战略，可以选择旅游度假区为环城游憩发展的主要类型。在度假区发展中，首先要凸显度假区自身特色，提高度假区的服务水平和产品质量；其次，要确保度假区的旅游功能，严格控制项目引进的质量和旅游关联度，以避免旅游度假区的房地产化；最后，在度假区的建设中要切实做好生态环境保护工作。

3. 主题公园

城郊地区虽然资源比较匮乏，但发育水平较高，中心城市旅游业发展状况良好，规模较大，且居民的旅游需求旺盛，可以选择主题公园为环城游憩发展的主要类型。在这一类型的具体开发中，第一，要科学论证，选择、确立并强调主题，防止项目的盲目上马和低水平重复建设；第二，发展中要注重品质，不断创新产品，满足中心城市居民和外来旅游者的旅游需求。

4. 乡村旅游

城郊毗邻农村旅游资源丰富，特色突出，可进入性较强，基础设施建设等比较完备，中心城市旅游业发育水平一般，辐射力不强，但市民旅游需求旺盛，可以选择以乡村资源为依托，将乡村旅游作为环城游憩发展的主要类型。在乡村旅游发展中，一方面，要凸显旅游项目的特色，增加其吸引力；另一方面，要强调项目的综合性和对农业及农村其他产业的带动性；同时，要充分发挥政府的调控作用，避免乡村旅游发展的随意性。

上述四种环城游憩模式的主要开发类型，不仅可以在城郊地区充分发挥旅游业的就业吸纳力、产业带动性等直接作用，解决城郊自身的社会、经济发展问题，而且在城市与农村的统筹发展中有非常大的过渡衔接作用。其中，前三种更强调通过环城游憩模式充分发挥城郊地区的过渡作用，加强中心城市对广大农村地区的经济、社会、文化等方面的辐射；而乡村旅游则更突出了环城游憩模式对城市需求和乡村供给的衔接，直接促进了广大农村地区的自主发展。

11.3 环城游憩模式的发展阶段

在当前我国城乡总体发展框架下，大城市环城游憩带的构建不可能一蹴而就，必须分层次、分阶段地有序进行。通过对环城游憩带的形成条件进行分析，结合我国城乡现状和城乡统筹工作的逐步深入，本研究认为实施环城游憩模式应当按照以下三个阶段采取渐进式的发展战略。

11.3.1 阶段一：相对独立的过渡地带

大城市环城游憩带形成的初级阶段主要是以市场需求为导向，为了满足本城市居民对休闲游憩、康体健身、短期度假等的需求，提升城市居民的生活品质。由于旅游业是集食、住、行、游、购、娱于一体的综合性产业，由众多的部门组成，具有集合性的特征，同时，旅游业又是一个横向联系广、综合性和联动性强的行业，具有新型产业多层次、多方位、网络状的总特征。因此，城郊旅游的发展要更多地考虑本地区内各产业部门的协调发展，通过环城游憩带内产业要素的配置，优化郊区目前的产业结构。在这一阶段，环城游憩带主要以本城市居民为客源，在空间和内容上都相对独立于所依托的城市，是处于城市与广大农村腹地之间相对独立且具有个性特征的一个过渡地带。

11.3.2 阶段二：城市旅游体系的重要组成部分

随着初级阶段的不断发展，以旅游业为中心的服务业比重不断增大，旅游业的上下游产业及相关行业诸如建筑业、交通业等，在城郊旅游业的带动下也不断发展，城郊基础设施及休闲、游憩、度假等旅游设施逐渐完善，环城游憩带相对于所依托城市的独立性逐渐弱化，个性特征也逐渐消失。这样，环城游憩带内产业要素的配置等除了考虑城郊本身的要求外，会在所依托城市这一大的区域背景下和城乡统筹发展这一大的政策背景下，充分考虑城市旅游发展的要求，不断地完善，并在特定的方面强化，为城市旅游的发展提供一些便利条件，与城市旅游相互促进和补充。因此，在这一阶段，随着旅游接待设施的改善和接待水平的不断提高，环城游憩带除了面向本城市居民以外，在很大程度上也吸引了到中心城市的部分域外游客，如此一来，环城游憩带由初级阶段相对独立的过渡地带逐渐成为区域内所依托城市的城市旅游体系的重要组成部分，在发展过程中不仅要考虑城郊旅游的发展情况，也要同时考虑城市旅游的发展要求，统筹城乡旅游业和谐发展。

11.3.3 阶段三：郊区城市化

在城市旅游体系的框架下，环城游憩带的发展会得到所依托中心城市资金、技术、政策等各方面的支持，城郊这一过渡区域的发展会更加迅速，二、三产业的比重会迅速地增大，产业结构不断地趋向合理化和高度化。一方面，城郊旅游业及其他休闲游憩产业的发展会使相关的第三产业得以快速地发展，从而出现了数量更多、档次更高的商业化设施；

另一方面，旅游业的发展也会加快为其提供原材料、设施设备、半成品乃至产成品等第二产业的不断发展。随着大城市郊区网络状交通体系的发展，考虑到成本、区位等优势，上述二、三产业除了为城郊提供服务外，必然会为所依托的中心城市提供越来越多的服务。城郊与中心城市的联系会越来越密切，继而逐渐与所依托城市接轨，最终使城郊这一地区的过渡性特征彻底消失，完全城市化，成为城市体系当中的重要组成部分。

第十二章 环城游憩模式实施中要注意的问题

12.1 环城游憩模式的适应性问题

环城游憩模式是城郊旅游业发展的高级阶段，是在土地租金和出行成本双重力量的作用下，投资者和旅游者达成一种妥协后，最终在城郊适当位置形成的游憩区域。它的产生和发展一般是建立在城郊旅游业发展较为成熟，且具有一定规模的基础上，除了对各种供给要素的要求外，从需求的角度讲，还必须要有一定规模的稳定客源，只有这样，才能保证该模式的运行和长期内的可持续发展。因此，环城游憩模式切忌不考虑需求状况，盲目上马，像之前我国的主题公园一样遍地开花，而是要经过细致的分析与考察，选择部分合适的区域予以发展。从我国现阶段的经济社会发展状况和旅游业的总体发展情况来看，部分大城市及区域经济中心城市，如北京、上海、杭州、青岛等，由于其经济发展速度快，规模扩张大，市场经济发育规范，城郊旅游业发展已初具规模，具有相当数量的旅游点、区、群，且这些城市居民收入水平高，消费观念转变快，消费意识强，普遍具有休闲、游憩，体验、参与的需求，因此这些城市的周边郊区适宜建立和发展环城游憩模式，以推动该地区城郊旅游业的进一步发展。

12.2 失地农民的转移就业及可持续发展生计问题

伴随着城市经济发展的扩张，城市内部不断地进行着产业结构和布局的调整，由于郊区地价低，区位条件较好，城市将相当部分的产业移植到郊区，再加上当前城市化进程的加快，城市郊区特别是大城市的郊区，土地尤其是耕地面积越来越少，很多农民失去了赖以生存的土地。虽然土地被征用后农民获得了一定的经济补偿，但其可持续发展的生计问题却令人担忧，这一问题若得不到妥善解决，不但有悖于城乡统筹的初衷，更会破坏我国当前安定团结的社会局面。发展环城游憩更需要处理好这个问题，一是因为发展环城游憩也要占用郊区的土地，二是因为在城乡统筹中发展环城游憩的重要意义之一就在于促进郊区劳动力向旅游业及相关产业的就地转移就业。因此，对郊区的失地农民，除进行经济上的补偿外，还要通过各种手段和措施，如制定相应的就业和劳动保障政策、提供多形式的教育和培训、建立信息交流平台等，完善就业支持保障体系，使他们不仅能参与到环城游憩的开发和建设中来，更能把从事旅游业和相关产业作为一份可持续发展的生计。

12.3　政府职能定位和作用发挥问题

环城游憩模式是在城乡旅游业互动发展的趋势下，城市居民休闲游憩需求不断增加的基础上，各投资主体产生投资意向并进行投资的条件下产生的，但是这种模式的应用及其作用发挥单靠市场的作用是不够的，政府必须加强扶持和保护。首先，在技术上政府必须要根据城市整体发展情况和要求，研究制定环城游憩模式的总体规划，依据交通条件和各地旅游资源与环境的品味、特色，确定空间结构体系和时间战略；其次，政府要明确环城游憩模式的具体开发形式和开发机制，并制定相应的政策体系，确立明晰的年度行动计划，选择重点区段，进行精细开发和有效的产品组合，按照圈层模式逐步完成环城游憩带的建设；最后，政府还要为环城游憩模式的建立提供一定的政策倾斜和支持，以吸引域内外具有实力的投资主体进行投资开发。

12.4　环城游憩旅游产品的特色与质量问题

从旅游者发展的需求趋势出发，在保证旅游资源可持续利用的前提下，提供高品质的旅游产品是保证旅游业竞争力的关键。环城游憩带位于大都市的郊区，虽然其发展具有土地租金、出行成本等多方面优势，但如果开发的产品缺乏特色，质量又不高，就很容易因处在城市和农村之间，而形成旅游发展的“洼地”。因此，环城游憩产品的特色与质量直接关乎环城游憩模式的可持续发展和在城乡经济社会发展中作用的发挥程度。打造环城游憩旅游产品的特色，不仅要凸显当地旅游资源的特色，强调产品的休闲性、参与性和体验性，避免项目和产品的盲目开发和重复建设；还要打造品牌，使品牌建设与特色塑造相互促进，以提升环城游憩的竞争力和吸引力。要保证环城游憩旅游产品的质量，必须跳出“就旅游论旅游”的思路，从旅游业发展、考虑城市化进程和要求、城郊现状、城郊地区在城市和农村统筹发展中的特殊作用等多角度出发，综合考虑环城游憩带的作用，通过加大各级政府特别是中心城市政府的投入力度和引导作用，切实加强城郊地区基础设施、公共休闲设施等的建设；同时，在项目和产品的开发建设中，高标准建设硬环境，制定旅游服务质量标准，加大人才引进和教育培训力度，从软、硬两方面出发不断提升旅游产品质量。

第十三章　总结与展望

13.1　研究总结

在城乡统筹这一大的时空背景下，通过旅游业的发展来解决城乡统筹中面临的一系列问题，以最终实现城乡社会、经济、文化等的协调发展，是一项长期的、复杂的系统工程，不可能一蹴而就，不仅要根据旅游业自身的特点和城乡统筹工作的逐步推进，考虑资源、市场、政府、企业等多种因素，分层次、分阶段地有序进行，而且要根据城乡统筹工作的不断推进和旅游业自身的发展，适时做出调整。综合来看，本研究主要做了如下尝试并得出了相关结论：

第一，将旅游业作为城乡统筹工作的一个新切入点，结合旅游业自身的特点对其在城乡统筹中的特殊作用进行了系统的分析，并从推动力、拉动力和支撑力三个方面详细分析了城乡统筹中旅游业发展的动力机制。

第二，针对城乡统筹发展的主要问题，提出和阐述了城乡统筹中旅游业发展的三种模式：城市旅游带动模式、乡村旅游模式和环城游憩模式，并分别对每种模式的内涵、路径和措施等进行了针对性的研究。根据当前城乡现状和旅游业发展情况，分析了三种模式的不同作用和地位，指出城市旅游带动模式是当前和将来较长时间内城乡统筹中旅游业发展的主导模式；乡村旅游则需要依据因地制宜原则，选择资源禀赋好、客源有保证的农村地区展开；而环城游憩模式则必须充分考虑其适应性问题，形成于大城市的郊区。

第三，依据各种模式的发展条件和特点，从宏观经济政策和旅游产业政策等层面探讨了政府在统筹城乡旅游业发展中的作用。

13.2　研究展望

由于笔者自身研究能力和视野的局限，本研究对城乡统筹中旅游业发展的研究仍处于探索阶段，分析问题具有一定的局限性，存在进一步细化研究的必要性，在未来的研究中，以下方面还值得进一步深入探讨：

第一，本研究总体上属于理论规范的探索性研究，而旅游业的发展涉及多个层面多种因素，城市旅游带动模式、乡村旅游模式和环城游憩的发展会因地因时而异，因此可以在此基础上展开更深入的实证研究与案例分析。

第二，城乡统筹中三种旅游业发展模式的构建中，除了分析构建的目标、条件及模式的类型等，还需要进一步从运行机理出发，切实结合城乡统筹中的具体工作，深入探讨每种模式实施中的具体问题。

第三，要选择典型案例，进一步细化环城游憩模式的研究，以充分发挥其在城乡经济社会统筹发展中过渡作用和在城市旅游与乡村旅游发展中链接作用。

如此思考下去，本研究所做的工作还远远不够，需要在今后的工作与学习中不断深入。

参考文献

[1]Ashworth G. J. Urban tourism: an imbalance in attention [J]. Progress in Tourism, Recreation and Hospitality Management, 1989(1):33-54.

[2]Ashworth G. J. "Is there an urban tourism?"[J]. Tourism Recreation Research，1992a，17(2):3-8.

[3]Ashworth G. J. Tunbridge J E. The Tourist-Historic City[M]. London: Belhaven Press, 1990: 10-400.

[4]Christopher S. Thompson. Host Produced Rural Tourism. Annals of Tourism Research，2004(3):580-600.

[5]Chuck Y. Gee, Eduardo Fayos Solá.International Tourism: A Global Perspective [M]. Indiana：World Tourism Organization, 1997:24-43.

[6]Daniel Bell. The Coming of Post-industrial Society：A Venture in Social Forecasting[M]. New York：Basic Books,1976：121-164.

[7]Dennis R. Judd. Promoting Tourism in US Cities.Tourism Management.1995,(3): 175-187.

[8] Edith Szivas and Michael Riley. Tourism Employment During Economic Transition. Annals of Tourism Research.1999,(4):747-770

[9]Edith Szivas,Michael Riley and David Airey. Labor Mobility Into Tourism. Annals of Tourism Research.2003,(1):64-76

[10]Everett S. Lee.A theory of migration[J].Demography, 1966,3(1) : 47-57.

[11] Freeman R. E. Strategic Management: A Stakeholder Approach [M].Boston: Pitman/ Ballinger, 1984:46-48.

[12]Greenstein S.，Khanna T. Competing in the age of digital convergence[M]. Boston: Harvard Business Press,1997：201-226.

[13]Isabelle Frochol. A benefit segmentation of tourists in rural areas: a Scottish perspective [J]. tourism management,2005(3):335-346

[14]John E. Wagner. Estimating the Economic Impacts of Tourism[J]. Annals of Tourism Research.1997,(3):592-608

[15]Lindemberg Medeiros de Araujo and Bill Bramwell. Partnership and Region Tourism in Brazil[J]. Annals of Tourism Research.2002,(4):1138-1164

[16]Myrdal Gunnar.Rich lands and poor: The road to world prosperity[M].New York:

Harper,1957:68-70.

[17]Peter Hall. Modelling the Post-industrial City[J]. Future，1997,29(4):311-322.

[18]Poon A. Tourism，Technology and Competitive Strategies[M].Minnesota: C.A.B. International, 1993:32.

[19]Perroux,F. The Economy of the 20th Century[M].Paris: PUF, 1961:35-40.

[20]Perroux,F. The Development Poles and International Economy[M].Jerusalem: (symposiume)The challenge of Development,1957:76-81.

[21]Perroux,F. The Pole of development's new Place in a general theory of economic actvity.InB.Higgins and D.J.Savoie(eds.).Regional Economic development [M]. Boston: UnwinHvman.1988:57-62.

[22] Ranis G, Fei J.C.H. A Theory of Economic Development[J].The American Economic Review 1961,51(4): 533-565.

[23]Rebecca Torres. Linkages Between Tourism and Agriculture in Mexico[J]. Annals of Tourism Research.2003,(3):546-566.

[24]Rechard R. Perdue, Patrick T. Long and Yong Soon Kang. Boomtown Tourism and Resident Quality of Life: The Marketing of Gaming to Host Community Residents. Journal of Business Research,1999.44:165–177.

[25]Tansfield C. A. An note on the urban-nonurban imbalance in American recreational research[J]. Tourism Review, 1964, 19(4):196-200.

[26]W.Arthur Lewis.The Theory of Economic Growth[M].London: George Allen & Unwin LTD, 1955:256-260.

[27]W.Arthur Lewis.Development Planning: The Essentials of Economic Policy [M].London: George Allen & Unwin LTD,1966:77-87.

[28]Youell Ray. The complete A-Z leisure，travel & tourism handbook[M].London: Hodder & Stoughton, 1996:27.

[29]安虎森．增长极理论评述[J]：南开经济研究．1997(1)：31～37

[30]安金明．旅游下乡：城乡统筹与旅游发展的现实选择[J]．旅游学刊，2011，26(12)：7～8

[31]白春梅．城市化与产业结构调整的响应与反馈机制．河海大学硕士学位论文，2005

[32]保继刚．广东城市海外旅游发展动力因子量化分析[J]．旅游学刊，2002(1)：44～48

[33]卞显红．城市旅游空间规划布局的影响因素分析[J]．地域研究与开发，2003(3)：93～96

[34]卞显红，王苏洁．城市旅游规划布局及其生态环境的优化与调控研究[J]．人文地理，2003(5)：75～79

[35]曹明华等. 城乡统筹发展的制度创新研究[J]. 农村经济，2005(9)：13～15

[36]陈传康. 城市旅游开发规划研究提纲.旅游学刊[J]，1996（5）：31～34

[37]陈会广，陈昊,刘忠原. 土地权益在农民工城乡迁移意愿影响中的作用显化——基于推拉理论的分析[J]. 南京农业大学学报(社会科学版)，2012, 12(1):58～67

[38]陈麦池,黄成林,李常沪. 基于 ReBAM 视角的乡村旅游可持续发展[J]. 哈尔滨商业大学学报(社会科学版),2011(2):116～120

[39]陈攀，陈浩.武汉城市圈的区域经济一体化路径选择——基于“点轴理论”的研究[J]. 武汉工程大学学报,2009,31(4):21～25

[40]陈瑞莲，李学.城乡二元结构理论与国内现实[J].天津行政学院学报,2004,6(4):19～23

[41]陈绍友.发展乡村旅游与重庆大城市带大农村战略[J]. 重庆师范学院学报,2003(1):64～67

[42]陈幼君. 试论乡村旅游人才的培养[J]. 湖南科技学院学报,2009(2):144～145

[43]程遂营.城乡统筹与我国旅游：现实需求与必然趋势[J].旅游学刊,2011,26(11):6～7

[44]池静,崔凤军.乡村旅游地发展过程中的“公地悲剧”研究——以杭州梅家坞、龙坞茶村、山沟沟景区为例[J].旅游学刊,2006,21(7):17～23

[45]崔凤军. 城市旅游的空间竞争与合作——关于杭州旅游接轨上海的对策研究[J]. 商业经济与管理，2004,149（3）：44～48

[46]崔丽霞.“推拉理论”视阈下我国农民工社会流动的动因探析[J]. 江西农业大学学报(社会科学版),2009,8(2):52～56

[47]戴承良. 城乡一体化的乡村旅游模式及发展对策[J]. 上海农村经济,2011(9):30～34

[48]戴红梅，贾后明. 城乡市场分割的形成和统筹建设的措施分析[J]. 农业现代化研究,2004(4):262～265

[49]邓清南，许虹. 成都环城市旅游带建设探索[J]. 成都大学学报,2005(3):55～58

[50]杜江，向萍. 关于乡村旅游可持续发展研究[J]. 旅游学刊,1999(1):15～18

[51]段娟. 城乡要素互动与关联发展研究[C]. 华中师范大学硕士学位论文

[52]范能船，朱梅森. 城市旅游学[M]. 上海:百家出版社. 2002

[53]范柏乃,马庆国.国际可持续发展理论综述[J].经济学动态,1998(8):65～68

[54]弗朗索瓦·佩鲁.张宁等译.《新发展观》[M].华夏出版社,1987

[55]符全胜.城乡交错带旅游开发研究[J].地理学与国土研究,1998,14（3）：57～59

[56]符太浩.城市旅游的缘起、特征与发展前景[J].吉首大学学报,2007,28(3):73～77

[57]高 斌,丁四保.点轴开发模式在理论上有待进一步探讨的几个问题[J].科学管理研究,2009,27(4):64～67

[58]高大洪，郭海亮.基于增长极和点轴开发理论基础上的青藏铁路经济带发展战略研究[J].西藏大学学报，2008，23(2):13～16

[59]高鑫，董青．乡村旅游社会整合及其与城乡统筹的互动[J]. 北方经贸, 2010(11): 115～116

[60]龚勤林. 论产业链构建与城乡统筹发展[J]. 经济学家,2004(3):121～123

[61]龚伟. 国内城市旅游驱动机制研究综述[J]. 桂林旅游高等专科学校学报, 2006(3):375～379

[62]古诗韵，保继刚. 城市旅游研究进展[J]. 旅游学刊, 1999(2): 15～20

[63]郭华. 制度变迁视角的乡村旅游社区利益相关者管理研究[D]. 暨南大学博士论文, 2007

[64]郭华. 国外旅游利益相关者研究综述与启示[J]. 人文地理，2008(2):100～105

[65]郭为，朱选功，何媛媛. 近三十年来中国城市旅游发展的阶段性和变化趋势[J]. 旅游科学，2008, 22（4）: 11～19

[66]郭贞.旅游景区利益相关者利益分配研究[D].四川大学, 2007

[67]国家发改委. 烟台蓬莱“南王山谷”现象引起世人关注[EB/OL]. http://www.sdpc.gov.cn/ncjj/ njxx/t20060808_79482.htm，2006-08-08

[68]国家旅游局课题组. 中国旅游业改革开放 30 年发展报告[N]. 中国旅游报, 2008-12-31（4）

[69]韩丽，段志辉. 乡村旅游开发初探[J]. 地域研究与开发, 2000（4）:87～89

[70]何佳. 城乡统筹视角下的乡村旅游与乡村功能重构研究[J]. 农业经济, 2011 (4):35～36

[71]何景明，李立华. 关于乡村旅游概念的探讨[J]. 西南师范大学学报（人文社会科学版），2002(5):125～128

[72]何景明. 国内外乡村旅游研究述评[J]. 旅游学刊, 2003(1):76～80

[73]何景明. 国内乡村旅游研究：蓬勃发展而有待深入[J]. 旅游学刊, 2004(1):92～96

[74]何景明. 城乡统筹背景下旅游发展的思考[J]. 旅游学刊, 2011, 26(11):7～8

[75]洪红, 朱孟伟, 徐崇. 乡村旅游规划模式研究[J]. 合作经济与科技, 2010(3): 26～29

[76]侯晓丽. 城市建设与旅游业发展的互动关系研究[J]. 山东师大学报, 2001(4):422～426

[77]胡敏. 我国乡村旅游专业合作组织的发展和转型——兼论乡村旅游发展模式的升级[J]. 旅游学刊, 2009(2):70～74

[78]华杰. 城乡统筹协调发展背景下的特色乡村旅游模式选择[J]. 重庆工商大学学报(西部论坛), 2008, 18(3):30～32

[79]黄葵. 城乡统筹发展中乡村景观保护和再造问题[J]. 经济地理, 2010, 23(6):70～72

[80]黄昆. 利益相关者共同参与的景区管理模式研究[J]. 湖北社会科学, 2003(9):81～82

[81]黄少安, 孙涛. 中国的“逆城市化”现象:“非转农”——基于城乡户籍相对价值变化和推拉理论的分析[J]. 江海学刊, 2012(3):90～97

[82]黄笑. 农村新型合作社的建立与乡村旅游的发展[N]. 中国旅游报,2008-12-29(006)

[83]黄新萍，谭义英. 城乡统筹与城乡就业一体化战略[J]. 当代财经, 2005(3): 28～30

[84]黄序. 北京城乡统筹协调发展研究[M]. 北京: 中国建材工业出版社. 2004

[85]黄郁成等. 农村社区旅游开发模式的比较研究[J]. 西北民族大学学报, 2004(4): 30～35

[86]黄震方，侯国林. 城郊旅游的可持续发展与观光农业的开发初探[J]. 南京师大学报(自然科学版), 1999, 22(4): 104～106

[87]黄震方，侯国林. 大城市商业游憩区形成机制研究[J]. 地理学与国土研究, 2001(4): 44～47

[88]贾生华, 陈宏辉. 利益相关者管理: 新经济时代的管理哲学[J]. 软科学, 2003(1): 39～43

[89]姜海滨. 山东农村旅游现状分析[J]. 合作经济与科技, 2008(6): 15～16

[90]蒋述东.重庆城乡统筹与乡村旅游发展对策[J]. 前沿, 2012(10): 89～90

[91]姜作培. 把握城乡统筹发展的辩证关系[J]. 福建论坛经济社会版, 2003(8): 26～29

[92]姜作培等. 中国城乡统筹发展研究[M]. 南京: 南京出版社. 2004

[93]姜作培. 我国城乡统筹经济社会发展的几个原则[J]. 经济纵横, 2004(4): 5～8

[94]姜作培. 中国城乡经济社会统筹发展的战略抉择[J]. 求索, 2004(2): 4～8

[95]姜作培. 把握城乡统筹的科学发展观[J]. 安徽农业大学学报, 2004(4): 5～10

[96]姜作培. 城乡统筹发展的科学内涵与实践要求[J]. 经济问题, 2004(6): 44～46

[97]姜作培. 资源配置：城乡统筹发展的关键[J]. 福建论坛, 2005(2): 23～28

[98]姜作培. 城乡统筹发展的体制及相应的政策选择[J]. 内蒙古财经学院学报, 2004(3): 77～80

[99]姜作培. 建立城乡统筹发展的政府运作机制[J]. 国家行政学院学报, 2005(3): 43～46

[100]锦江区委党校课题组. 从“五朵金花”看锦江区统筹城乡协调发展推进城乡一体化的实践[J]. 成都行政学院学报, 2007(6): 14～16

[101]晋入勤. 合作社治理结构研究——公司治理结构理论的演绎[J]. 天津市政法管理干部学院学报，2008 (4)：49～54

[102]金准. 我国现阶段城市化对城市旅游的影响——以 1990 年以来的北京为例[D]. 中国社会科学院，2008

[103]李长健, 冯果. 我国农民合作经济组织立法若干基本理论问题研究[J]. 法学评论, 2005(4): 16～19

[104]李德明，程久苗. 乡村旅游与农村经济互动持续发展模式与对策探析[J]. 人文地理, 2005(3): 84～87

[105]李 刚，吕 芳，卢 莹. 基于点—轴理论的辽宁省旅游地系统空间结构研究[J]. 辽宁师范大学学报(自然科学版), 2006, 29(2): 238～240

[106]李坚. 城乡统筹新视角下乡村旅游发展战略的构想[J]. 企业经济, 2007(5): 91～93

[108]李俊娜. 城乡统筹背景下长春市环城游憩带开发研究[J]. 东北师范大学硕士学位

论文，2011

[109]李蕾蕾. 从景观生态学构建城市旅游开发与规划的操作模式[J]. 地理研究, 1995（2）：69～74

[110]李蕾蕾. 城市旅游形象设计探讨[J]. 旅游学刊, 1998（1）：47～49

[111]李立勋. 广州旅游吸引的特色及营造重点浅议[J]. 旅游学刊, 1997(2):27～29.

[112]粟路军, 黄福才. 城乡旅游互动发展及其机理与实现路径研究[J]. 旅游研究, 2010, 2(4):40～44

[113]粟路军. 不同类型旅游地竞合关系研究——基于旅游者忠诚差异分析[J]. 旅游科学，2011,25（5）：41～56

[114]李太光，张文建.旅游产业转型升级中的业态创新 (上、下) [N].中国旅游报,2008～06～18(11 上)，2008-6-25(11 下)

[115]李太光, 张文建. 多维突破与创新发展全面推动旅游业转型升级[N]. 中国旅游报, 2008-12-24(10)

[116]李太光，张文建. 新时期上海推动旅游业转型升级的若干思考[J]. 北京第二外国语学院学报， 2009(3):44～48

[117]李万立. 转型时期我国旅游供应链优化机制研究[J]. 桂林旅游高等专科学校学报，2007(4):600～605

[118]李万立. 转型时期中国旅游产业链建设浅析[J]. 社会科学家, 2005(1):139～141

[119]厉无畏，王振. 中国产业发展前沿问题[M].上海：上海人民出版社，2003:212～230

[120]李小建, 苗长虹. 增长极理论分析及选择研究[J]. 地理研究, 1993, 12(3):45～55

[121]厉新建，张辉，秦宇. 宏观环境下旅游经济的转型问题 • 旅行社篇[N]. 中国旅游报, 2005-03-21(08)

[122]厉新建，张辉，秦宇. 宏观环境下旅游经济的转型问题·景区篇(一)[N]. 中国旅游报, 2005-03-21(08)

[123]李秀金. 旅游文化创意:载体与产业转型[J]. 社会科学家, 2008(1):91～94

[124]李颜, 尹正江. 我国乡村旅游竞争力提升探讨[J]. 中国市场, 2007(14):15～16

[125]李玉新. 基于和谐发展的乡村旅游社区参与研究[J]. 社会科学家, 2008, (8):99～101

[126]李玉新. 乡村旅游生态化程度评价体系的构建与应用[J]. 西南民族大学学报社科版, 2010(7):219～222

[127]李玉新, 徐福英, 刘俊. 度假区开发利益相关者合作模式研究[J]. 商业研究, 2010(8):198～202

[128]李玉新. 乡村旅游目的地生态化开发模式研究[J]. 开发研究, 2010(4):59～62

[129]李玉新，靳乐山. 基于产业协同与城乡统筹的乡村旅游转型路径——以山东省寿光市、蓬莱市、长岛县为例[J]. 哈尔滨商业大学学报(社会科学版), 2012(6):105～111

[130]李岳云，陈勇，孙林. 城乡统筹及其评价方法[J]. 农业技术经济，2004(1):24～30

[131]李佐军. 从二元结构理论看中国城乡分离与一体化[J]. 探索, 1993(1): 11～12

[132]连玉銮，石应平. 关于小众型生态旅游及其适应性的思考[J]. 社会科学研究，2005（3）：189～193

[133]梁明珠，陈小洁. 主题旅游城镇竞争力提升策略探析[J]. 商业时代，2006(1)：79～81

[134]林德荣. 新农村建设的创新模式——山东蓬莱南王山谷土地股份合作社的个案调查[J]. 农村经济, 2010(2): 32～35

[135]林光旭. 城乡统筹背景下的乡村旅游开发[J]. 西南农业大学学报（社会科学版）, 2010, 8(5): 21～23

[136]林万龙. 经济发展水平制约下的城乡公共产品统筹供给：理论分析及其现实意义[J]. 中国农村观察, 2005(2): 31～36

[137]刘爱服. 试论京郊乡村旅游发展中的问题与对策[J]. 旅游学刊, 2005(1): 68～71

[138]刘桂良，全洪松. 农民专业合作社规范化经营困惑与对策[J]. 湖湘论坛, 2011(1): 65～67

[139]刘继生, 陈彦光, 刘志刚. 点—轴系统的分形结构及其空间复杂性探讨[J]. 地理研究, 2003, 22(4): 447～454

[140]刘敬. 南京郊区城市化发展问题研究[C]. 南京农业大学硕士学位论文，2004. 12

[141]刘丽梅, 陶都. 我国城郊旅游发展的动因分析[J]. 北方经济，2005，(8)：31～32

[142]刘美平. 论中国特色城乡协同发展理论——兼评刘易斯二元结构理论[J]. 马克思主义研究, 2008(12): 71～75

[143]刘思敏, 陈蓉. 走出“从观光旅游向度假旅游转型”的误区(上、下)[N]. 中国旅游报, 2007～08～08(13)(上), 2007-08-10(7)(下)

[144]刘圣珍. 转方式调结构, 推动区域经济科学发展[J]. 青岛农业大学学报(社会科学版), 2010(2): 1～5

[145]刘涛，徐福英. 国际金融危机背景下中国旅游业的应对策略[J]. 旅游论坛, 2009, 2(2): 220～223

[146]刘涛，徐福英. 山东省乡村旅游可持续发展研究[J]. 资源开发与市场, 2009, 25(12): 1143～1146

[147]刘涛, 徐福英. 新农村建设中乡村旅游可持续发展动力研究[J]. 安徽农业科学, 2010, 38(4): 2102～2104

[148]刘涛，徐福英. 乡村社区参与旅游中的利益矛盾及协调对策[J]. 社会科学家, 2010(5): 91～94

[149]刘涛. 乡村旅游专业合作社发展研究——基于莱芜城岭村和房干村的案例分析[J]. 社会科学家, 2012(1): 77～81

[150]刘旺, 张文忠. 对构建旅游资源产权制度的探讨[J]. 旅游学刊, 2002, 17(4): 27～29

[151]刘小军. 全面深刻认识旅游业转型升级的战略任务(上、下)[N]. 中国旅游报，

2008-01-30(10)(上), 2008 -02-01(10)(下)

[152]刘志江. 关于旅游教育与旅游业发展的适应性问题[J]. 旅游学刊(旅游人才与教育教学特刊), 2003:19～21

[153]刘住, 张帆. 形象驱动——城市旅游的新趋势[J]. 旅游科学, 1999, 13(3):1～3

[154]楼嘉军, 徐爱萍. 上海城市休闲功能发展阶段与演变特征研究[J]. 旅游科学，2011，25(2):16～22

[155]龙江智，保继刚. 城市旅游发展的动力：理论分析与案例研究[J]. 中国人口资源与环境, 2005(1):42～46

[156]陆大道. 论区域的最佳结构与最佳发展——提出“点—轴系统”和“T”型结构以来的回顾与再分析[J]. 地理学报, 2001, 56(2):127～135

[157]鲁明勇. 乡村旅游投融资及利益分配研究——以湘西自治州为例[D]. 湖南农业大学, 2009

[158]罗辉. 城乡统筹背景下少数民族县域乡村旅游保障体系构建——以云南省元江县为例[J]. 安徽农业科学, 2011, 39(1): 380～383, 385

[159]吕君, 刘丽梅. 我国城郊旅游开发的驱动力分析[J]. 地域研究与开发, 2006, 25(4):71～74

[160]马波. 旅游业的转型与区域旅游合作——兼论中、日、韩旅游合作的推进[J]. 旅游学刊, 2007(5):24～28

[161]马波. 中国旅游业转型发展的若干重要问题[J]. 旅游学刊, 2007(12):12～17

[162]马波. 生态旅游在中国:研究回顾与本质回归题[J]. 旅游科学，2009, 23（1～6）:12～17

[163]马波. 乡村的力量 乡民的立场[J]. 旅游学刊, 2011, 26(10):5～6

[164]马 波, 徐福英. 中国旅游业转型升级的理论阐述与实质推进——青岛大学博士生导师马波教授访谈[J]. 社会科学家, 2012(6):3～7

[165]马晓龙. 中国主要城市旅游效率及其全要素生产率评价[D]. 中山大学硕士学位论文，2008

[166]马丽卿, 胡卫伟. 产业转型期的长三角区域海洋旅游特色产品链构建[J]. 人文地理, 2009(2):125～128

[167]麻学锋. 旅游产业转型的理性构建与自发演进[J]. 经济问题, 2009(2):124～126

[168]马学锋，张世兵，龙茂兴.旅游产业融合路径分析［J］. 经济地理，2010(4) :678～681

[169]马作珍莫. 城乡统筹视角下的乡村旅游发展研究——以成都市三圣乡为例[J]. 经营管理者, 2010(18):44～45

[170]蒙莉娜等. 区域城镇点一轴系统空间结构的分形模型[J]. 地理科学进展, 2009, 28(6):944～951

[171]孟明浩，顾晓艳. 近年来国内关于城郊旅游开发研究评述[J]. 旅游学

刊, 2002(6):71～75

[172]庞振刚，董波. 上海城乡交错带生态旅游开发战略研究[J]. 旅游学刊，2001，16(3)：76～79

[173]彭华，钟韵. 关于旅游开发与城市建设一体化初探[J]. 经济地理，1999(1):111～115

[174]彭娟, 陈海波. 我国环城游憩研究综述[J]. 中国商界, 2009(2):160～161

[175]漆明亮. 城乡统筹发展与重庆旅游产业布局[J]. 重庆社会科学, 2007(9):118～120

[176]漆明亮. 重庆城乡统筹发展中旅游产业战略布局刍议[J]. 桂林旅游高等专科学校学报，2008, 19(1):27～30

[177]漆向东. 在城乡统筹发展中优化就业结构[J]. 经济问题探索, 2005(5):8～12

[178]乔海燕. 论环城游憩带与社会主义新农村建设的互动关系[J]. 中南林业科技大学学报(社会科学版), 2007, 1(2): 97～99

[179]钱文芳，钱文科. 区域旅游产业转型增效刍议——以海南（国际旅游岛）为例[J]. 中国集体经济, 2008(10～12 上):28～29

[180]秦学. 城市游憩空间结构系统分析——以宁波市为例[J]. 经济地理，2003，23(2):267～288

[181]秦学. 我国城市旅游研究的回顾与展望[J]. 人文地理, 2001(2):73～78

[182]史国祥. 论旅游产业整合[J]. 旅游科学，2005, 19（2）：14～18

[183]石艳, 何佳梅. 环城游憩带形成机制分析及市场开发探讨[J]. 山东省农业管理干部学院学报, 2001, (4):86～87

[184]宋海英. 统筹城乡发展研究评述[J]. 理论参考, 2005(4):64～67

[185]宋家增. 发展都市旅游之我见[J]. 旅游学刊, 1996（3）：23～25

[186]宋金平，李立平. 北京市城乡过渡地带产业结构演化研究[J]. 地理科学, 2000(1):20～26

[187]苏东水. 产业经济学[M]. 北京:高等教育出版社. 2000

[188]宋子千. 以动态的眼光来看待乡村旅游的发展[J]. 旅游学刊, 2011, 26(11):8~9

[189]孙飒. 旅游产业转型中旅行社竞争优势新思维[J]. 江西农业学报, 2008 (8): 166～169

[190]孙业红. 城乡统筹中旅游发展的几大挑战[J]. 旅游学刊, 2011, 26(10):9～10

[191]陶伟，戴光全. 区域旅游发展的“竞合模式”探索：以苏南三镇为例[J]. 人文地理, 2002（4）：29～33

[192]陶伟，郑海燕. 城市旅游的文化视点[J]. 中山大学学报(自然科学版), 2002, 41(5):86～90

[193]陶伟, 钟文辉. 国外城市旅游研究进展——ANNALS OF TOURISM RESEARCH 所反映的学术态势[J]. 城市规划, 2003, 27(8):76～83

[194]唐琳, 刘辉.武陵源乡村旅游发展模式创新分析——基于 S W O T 范式[J]. 科技创

新导报，2012(3):222～223

[195]唐留雄. 中国旅游产业转型与旅游产业政策选择[J]. 财贸经济, 2006(12):101～103

[196]唐秀丽, 乔忠, 李应博. 城乡统筹过程中小城镇旅游产品发展策略研究[J]. 商业研究, 2006(21):19～21

[197]佟玉权. 品牌化营销——中国乡村旅游发展的新走势[J]. 农业现代化研究, 2007, 28(1):50～52

[198]王兵. 从中外乡村旅游的现状对比看我国乡村旅游的未来[J]. 旅游学刊, 1999(2):34～37

[199]王大悟，魏小安. 旅游经济学[M]. 上海:上海人民出版社. 2000. 10

[200]王大悟. 论小康社会的旅游转型[J]. 旅游科学, 2004(2):1～4

[201]王得勇. 统筹城乡经济社会发展中城市发展功效的理论分析[J]. 理论探讨, 2005(4):92～93

[202]王慧敏. 旅游产业的新发展观:5C 模式［J］. 中国工业经济，2007(6):13～20

[203]王剑, 彭建. 产品转型背景下贵州温泉旅游刍议[J]. 贵州社会科学, 2008(3):112～115

[204]王昆欣等. 乡村旅游与社区可持续发展研究—以浙江省为例[M]. 清华大学出版社, 2008

[205]王林，喻考鹏. 城市化进程中的城郊旅游研究[J]. 广西教育学院学报, 2003(6):113～116

[206]王起静. 转型时期我国旅游产业链的构建[J]. 山西财经大学学报. 2005(5):63～67

[207]王钦安，马耀峰，王丽芳. 21 世纪初期我国旅游发展新趋势探[J]. 社会科学家，2008（6）：92～95

[208]王琼英, 唐代剑. 基于城乡统筹的乡村旅游价值再造[J]. 农业经济问题，2012(11):66～72

[209]王文辉，朱创业，陈春燕；城乡统筹视角下的旅游小城镇发展——以云南丽江古城为例[J]. 资源与人居环境, 2011(6):66～67

[210]王衍用，宋子千. 十大观念变革助推中国旅游产业转型升级(上、下) [N]. 中国旅游报, 2008-07-23(11 上)，2008-07-25(11 下)

[211]王耀. 小城镇建设与城乡统筹协调发展[J]. 经济经纬. 2005(5):98～101

[212]王元璋，盛喜真. 实施城乡统筹就业的制度障碍及路径变迁[J]. 当代经济研究, 2004(8):14～17

[213]王瑛. 城乡统筹背景下科学发展乡村旅游的思考[J]. 井冈山学院学报（哲学社会科学），2009, 30(3):104～107

[214]王永和、俞铁军. 适应旅游转型需求创造和谐发展未来[J]. 中国城市经济，2007(7):48～51

[215]汪宇明. 推进城乡统筹 提升乡村旅游发展质量[J]. 旅游学刊, 2011, 26(10):6～7

[216]王云才，郭焕成. 略论大都市郊区游憩地的配置：以北京市为例[J]. 旅游学刊, 2000(2):54～58

[217]王云才. 国际乡村旅游发展的政策经验与借鉴[J]. 旅游学刊, 2002(4):45～50

[218]王振松. 二元结构理论与我国二元经济结构发展小议[J]. 福建师大福清分校学报, 1997(4):34～38

[219]万光侠. 可持续发展理论的价值观架构[J]. 山东社会科学, 1998(2):41～44

[220]魏峰群. 对历史文化名城旅游开发的探索和思考[J]. 旅游科学，2006, 20（2）:30～34

[221]文军，唐代剑. 乡村旅游开发研究[J]. 农村经济, 2003(10):30～34

[222]翁莉. 上海城郊景区旅游者重游行为分析[J]. 旅游科学, 2005, 19(2):33～37

[223]吴必虎. 区域旅游规划原理[M]. 北京:中国旅游出版社. 2001

[224]吴承照. 现代城市游憩规划设计理论与方法[M]. 北京:中国建筑工业出版社, 1999：154

[225]吴承忠, 韩光辉. 国外大都市郊区旅游空间模型研究[J]. 城市问题，2003，(6): 68～71

[226]吴建华，郑向敏. 我国乡村旅游发展存在的问题与对策[J]. 桂林旅游高等专科学校学报, 2004(3):5～9

[227]吴南. 创新：转型时期旅游产业发展的灵魂[N]. 中国旅游报, 2006-08-16(13)

[228]吴其勉. 我国财政支农支出与农业产出增长的动态关系研究——基于 1978～2010 年时序数据的实证分析[J]. 福建农林大学学报（哲学社会科学版），2012，15(4)：48～ 53

[229]肖飞. 城市周边旅游村镇建设是实现城乡统筹的重要支撑[J]. 旅游学刊, 2011, 26(11):10～11

[230]肖胜和. 浅论郊野旅游开发[J]. 桂林旅游高等专科学校学报, 1999, 10(3):44～46

[231]谢雄辉. 我国旅游可持续发展理论研究的一般论域[J]. 桂林航天工业高等专科学校学报, 2006(4):60～63

[232]谢彦君. 以旅游城市作为客源市场的乡村旅游开发[J]. 财经问题研究, 1999(10):79～81

[233]谢彦君，余志远，周广鹏. 中国旅游城市竞争力评价理论与实践中的问题辨析[J]. 旅游科学，2010, 24（1）：1～8

[234]徐福英，马波. 基于城乡统筹的旅游业发展研究[J]. 北京第二外国语学院学报, 2005(1):16～19

[235]徐福英，马波. 基于城乡统筹的乡村旅游发展研究[J]. 北京第二外国语学院学报, 2005(5):79～82

[236]徐福英, 刘涛. 基于城乡统筹的旅游业发展模式研究[J]. 山东经济, 2007(2):57～60

[237]徐福英. 青岛市乡村旅游发展研究[J]. 沿海企业与科技, 2007(12):141～143

[238]徐福英. 城乡统筹中城市旅游发展研究[J]. 沿海企业与科技, 2009(10):86～88

[239]徐福英, 刘涛. 我国乡村旅游竞争力提升路径研究[J]. 农业考古, 2009(6): 133～136

[240]徐福英, 刘涛. 新形势下我国乡村旅游转型与升级研究[J]. 农业经济, 2010(2): 93～94

[241]徐福英, 刘涛. 山东省乡村旅游竞争力提升路径研究[J]. 山东工商学院学报, 2010, 24(1): 22～26

[242]徐福英, 刘涛.新时期我国旅游业转型升级路径探讨[J]. 商业时代, 2010(22): 125～126

[243]徐福英. 产权理论视角下乡村旅游社区参与研究[J]. 内蒙古科技与经济, 2010 (5): 25～26

[244]徐福英. 基于利益相关者分析海洋生态旅游发展研究[J]. 资源开发与市场, 2012, 28(7): 657～660

[245]徐福英, 马波. 城市旅游在中国: 研究回顾与发展展望[J]. 旅游科学, 2012, 26(4): 52～64

[246]徐福英. 山东半岛蓝色经济区旅游业可持续发展研究[J]. 牡丹江教育学院学报, 2012(4): 182～183

[247]徐虹, 范清. 我国旅游产业融合的障碍因素及其竞争力提升策略研究 [J]. 旅游科学, 2008(4): 1～5

[248]徐菊凤. 中国休闲度假旅游研究[M]. 大连: 东北财经大学出版社, 2007: 83～97

[249]徐勤.开发利用榆中县旅游资源, 建设兰州市城郊旅游基地[J]. 兰州商学院学报, 1991(1): 42～55

[250]颜朝晖. 中国国农村土地征用补偿问题研究[D]. 福建师范大学硕士学位论文, 2006

[251]严宽荣, 樊春梅, 蔡飞. 产品转型背景下温泉旅游发展探讨—以九江市星子温泉为例[J]. 江苏商论, 2009(3): 80～82.

[252]阎逸, 董峰. 试论大都市中心城与郊区旅游的空间相互作用[J]. 宿州师专学报, 2004, 16(4): 12～24

[253]杨阿莉. 增长极理论对西部生态旅游规划的启示[J]. 开发研究, 2006(6): 70～73

[254]杨京波, 何佳梅. 城市化对中国环城市度假带的影响[J]. 山东师范大学学报, 2003(2): 54～57

[255]杨军. 转型与升级的战略选择——对当前我国旅游市场主体特征的冷思考[N]. 中国旅游报, 2006-12-08

[256]杨萍. 对贵州乡村旅游发展的探讨[J]. 贵州商业高等专科学校学报, 2004(2): 44～46

[257]杨世河, 章锦河, 王浩. 城乡旅游一体化研究[J]. 经济地理, 2008(1): 142～146

[258]杨颖. 产业融合: 旅游业发展趋势的新视角[J]. 旅游科学, 2008, 22 (4) : 7～10

[259]杨振之, 黄葵, 周坤. 城乡统筹与乡村旅游 [M]. 北京: 科学出版社, 2010

[260] 杨振之．城乡统筹下农业产业与乡村旅游的融合发展[J]. 旅游学刊, 2011, 26(10): 10～11

[261]叶岱夫，陈岳裕. 当前城郊旅游开发存在的问题及其发展方向的探讨[J]. 惠州大学学报, 1998(2): 97～100

[262]叶岱夫. 对我国城郊旅游功能及相关问题的探讨[J]. 城市问题, 2000(6): 22～24

[263]叶加申等. “三江两岸”乡村旅游资源保护与开发的对策研究[J]. 现代城市，2012, 7 (3): 48～51

[264]易金, 王德刚. 论乡村旅游产品的三维空间架构——以山东省乡村旅游开发为例[J]. 资源开发与市场, 2008(9): 839～843

[265]尹振华. 开发我国乡村旅游的新思路[J]. 旅游学刊, 2004(5): 40～44

[266]余呈先, 郭东强. 知识经济阈境下增长极理论在中国的困境与范式转换[J]. 宏观经济研究,. 2011(8): 51～55

[267]于凤贵. 关于大力发展乡村旅游的几点思考[N]. 大众日报, 2009-01-13(14)

[268]余美珠，陈小龙，袁书琪. “泰宁模式”解析及其对三明市旅游发展的启示[J]. 西南农业大学学报(社会科学版)，2008，6（6）：1～4

[269]于秀丽. 城乡统筹发展与农村社会保障制度建设[J]. 甘肃社会科学, 2004(4): 47～50

[270]袁宇杰. 区域中心城市旅游业发展研究[C]：青岛大学硕士学位论文，2005

[271]尤海涛, 马波, 陈磊. 乡村旅游的本质回归: 乡村性的认知与保护[J]. 中国人口·资源与环境, 2012, 22(9): 158～162

[272]曾博伟. 旅游业转型升级的战略性思考(上、中、下)[N]. 中国旅游报，2009-07-08 (11)(上), 2009-07-10(11)(中), 2009-07-14(11)(下)

[273]曾坤生. 佩鲁增长极理论及其发展研究[J]. 广西社会科学, 1994(2): 16～21

[274]张广瑞. 关于中国旅游发展的理性思考[J]. 中国软科学，2011（2）: 16～33

[275]张广瑞, 刘德谦, 宋瑞. 2008 年中国旅游发展分析与预测[M]. 北京:社会科学文献出社, 2008：23～26

[276]张红宇. 城乡统筹：以农民收入为中心的结构转换分析[J]. 产业经济研究，2003(4): 45～55

[277]张红宇. 统筹城乡经济社会发展的基本思路[J].农村经济, 2004(2): 4～6

[278]张辉. 转型时期中国旅游产业环境、制度与模式研究[M]. 北京旅游教育出版社. 2005

[279]张辉，秦宇. 中国旅游产业转型年度报 2005: 走向开放与联合的中国旅游业［M］. 北京：旅游教育出版社，2006: 224～234

[280]张建武. 城乡统筹就业问题研究[J]. 中国农村经济, 2001(8): 41～46

[281]张凯. 农村新型合作社健康发展的长效机制研究——基于苏北农村新型合作社发展状况的调查与思考[J]. 科技信息，2010(36): 77～78

[282]张蕾，赵中华，贾志宏. 国外城市旅游研究进展——《Tourism Management》和《Annals of Tourism Research》文献分析[J].旅游科学, 2005, 19(1): 17～24

[283]张立明, 赵黎明. 城郊旅游开发的影响因素与空间格局[J]. 商业研究，2006，(6): 181～184

[284]张鹏, 丘萍. 相对滞后地区旅游产业系统的理论探讨[J]. 资源与产业，2006，8（4）:67～70

[285]张清, 陈智文. 吉林乡村旅游与农村经济发展[J]. 吉林师范大学学报, 2003(4): 29～31

[286]张莹. 国内城郊游开发研究综述[J]. 泰山学院学报, 2009, 31(5): 109～115

[287]张跃西. 发展旅游联合体：转型期的一种战略选择[N]. 中国旅游报，2004-04-26(08)

[288]张昀晨. 统筹城乡背景下产业融合与农业旅游发展研究[J]. 中国商贸，2012(20): 154～156

[289]张哲乐，许霞. 城乡统筹背景下的乡村旅游人才培养[J]. 安徽农业科学, 2011, 39(14): 8506～8507

[290]赵磊. 旅游发展能否减小城乡收入差距?——来自中国的经验证据[J]. 旅游学刊，2011, 26(12): 15～25

[291]赵小鲁. 基于城乡统筹战略视野下的重庆旅游经济发展基本思路[J]. 重庆行政, 2008(2): 21～23

[292]赵迎昕. 旅游业升级：黑龙江、牡丹江旅游产业转型分析[J]. 科技与产业，2008(12): 17～20

[293]赵玉宗，张玉香. 城郊旅游开发研究[J]. 内蒙古师范大学学报(哲学社会科学版), 2005, 34(2): 115～218

[294]赵玉宗. 城郊旅游开发研究—以青岛市为例[C]. 青岛大学硕士学位论文，2004

[295]郑丹，王伟. 我国农民专业合作社发展现状、问题及政策建议[J]. 中国科技论坛. 2011 (2)：138～142

[296]郑琼洁，李程骅. 现代服务业与城市转型关系的审视与思考[J]. 城市问题，2011（12）：9～15

[297]郑群明, 钟林生. 参与式乡村旅游开发模式探讨[J]. 旅游学刊, 2004, 19(4): 33～37

[298]郑嬗婷等. 近十年国外城市旅游研究进展[J]. 经济地理，2006, 26（4）：686～692

[299]郑耀星，刘少艾. 试析县域旅游开发新思路——泰宁现象的原因与启示[J]. 湖南财经高等专科学校学报，2008，24（10）：31～32

[300]植草益. 产业组织论[M]. 北京：人民大学出版社，1988：214

[301]周国华. “小众”营销[J]. 企业管理，2001 (11)：60

[302]周杰. 山东省乡村旅游发展现状及可持续发展的思考[J]. 山东经济, 2007(5): 139～142

[303]周坤. “城乡统筹”与乡村旅游：乡村意象的保护与再造[J]. 商业文化（学术版）, 2008(2):189～190

[304]周丽霞. 城乡统筹背景下的旅游小城镇开发模式研究——以遂宁市龙凤古镇为例[J]. 成都理工大学硕士学位论文，2010

[305]周玲强, 黄祖辉. 我国乡村旅游可持续发展的问题与对策研究[J]. 经济地理, 2004(4):572～576

[306]周民良. 增长极理论与西方的区域政策[J]. 中国工业经济研究，1994(7):70～75

[307]周庆博.基于城乡统筹的青岛环城游憩带建设研究[J].青岛大学硕士学位论文，2007

[308]朱佩军. 旅游节庆是都市旅游的生力军[J]. 桂林旅游高等专科学校学报, 1998, 9(3):42～43

[309]邹统钎, 马欣, 张昕玲, 等. 乡村旅游可持续发展的动力机制与政府规制[J]. 杭州师范学院学报(社会科学版), 2006(2):65～68